사랑하는 사람은 누구나 아프다

IVP(InterVarsity Press)는
캠퍼스와 세상 속의 하나님 나라 운동을 지향하는
IVF(InterVarsity Christian Fellowship)의 출판부로서
생각하는 그리스도인을 위한 문서 운동을 실천합니다.

사랑하는 사람은 누구나 아프다
오두막에서 만난 상처와 치유 그리고 하나님 이야기

김영봉

일러두기
이 책에 인용된 성경 본문은 새번역을 사용하였습니다.

차례

머리말 · 7

1부_ 누구나 아프다

1. 누구나 아프다 · 17
2. 그대의 오두막으로 가라 · 31
3. 아픔이 아픔을 치유한다 · 47
4. 용서가 세상을 바꾼다 · 63

2부_ 독립은 없다

5. 악은 현실이다 · 81
6. 악에는 배후가 있다 · 97
7. 독립은 없다 · 113
8. 하나님이 다스리신다 · 131

3부_ 땅은 하늘로 가득하다

9. 하나님의 손은 부드럽다 · 151
10. 내 하나님은 늘 낯설다 · 167
11. 하나님은 가족이다 · 185
12. 지옥은 비어 있는가? · 203
13. 땅은 하늘로 가득하다 · 221

맺음말 · 237

머리말

2009년 7월의 어느 날, 뉴저지에서 목회할 때 주일학교 교육을 맡았던 친구 바바라에게서 메일을 받았습니다. 뉴저지를 떠난 다음에도 계속 연락하면서 신앙적인 도움을 나누던 친구입니다. 메일의 내용은 이러했습니다.

여름은 잘 지내고 있나요? 이곳은 이상하리만큼 덥지 않은 날씨랍니다. 우리는 다 잘 지내요. 목사님 가족은 어떻게 지내는지 궁금하군요.
 혹시 윌리엄 폴 영(William Paul Young)의 「오두막」(The Shack)을 읽어 보았나요? 내가 아는 여러 친구들이 그 소설을 읽고 아주 좋아하더군요. 나도 반쯤 읽었는데, 다 끝내지 못하고 덮어 버렸어요. 아예 관심을 꺼 버렸죠. 당신이 이 소설을 읽었다면 어떻게 느끼고 있는지 궁금하군요. 당신의 '학자적'인 견해를 알고 싶은 거죠!

그렇지 않아도 영어권 교회들에서 이 소설을 가지고 스터디 모임도 하고 시리즈 설교를 하기도 한다는 이야기를 듣고 언젠가 한번 시간을 내어 읽어야겠다고 생각하던 차였습니다. 저는 그 친구에게 응답하기 위해서라도 이 책을 읽기로 작정했습니다. 그 친구가 중간에 책을 덮어 버릴 정도라면 뭔가 있겠다 싶었습니다. 하지만 마음뿐, 읽어야 할 다른 책들이 있다 보니 좀처럼 시간을 만들기 어려웠습니다.

그러다가 2010년 2월, 보스턴에 있는 교회 집회와 멕시코 단기 선교를 위해 여행을 하게 되었습니다. 비행기 여행은 독서하기에 가장 좋은 시간입니다. 비행기 안에서뿐 아니라 공항에서도 기다리는 시간이 많기 때문입니다. 저는 「오두막」을 사 가지고 갔습니다. 보스턴에 있는 케임브리지 한인교회는 청년 집회를 열고 저를 강사로 초청했는데, 저는 여행을 떠나기 전에 집회에서 전할 말씀을 다 준비해 가지고 갔습니다. 그런데 가는 길에 「오두막」에 빠져들었고, 거기서 청년들에게 해줄 이야기들을 많이 발견했습니다. 저는 준비해 간 자료는 제쳐두고, 「오두막」에서 얻은 영감을 따라 상처 이야기, 치유 이야기, 하나님 이야기를 나누었습니다. 저와 청년들 모두가 깊은 은혜를 경험했습니다.

보스턴을 거쳐 멕시코에 도착하고 다시 워싱턴으로 오는 동안 저는 내내 이 소설에 빠져 있었습니다. 소설을 다시 뒤적이며 군데군데 어려웠던 대목을 읽으며 생각에 잠겼습니다. 집에 돌아와서는, 우리말로 번역된 책을 구입하여 다시 읽었습니다. 두 번째로 읽으면서 이 소설을 '문화영성 프로젝트'의 네 번째 소재로 삼기로 마음 먹었습니다. 저는 그동안 매년 세속 문화에서 소재를 찾아 하나님의 말씀과 접목시켜 연속 설교를 해 왔습니다. 맨 처음 댄 브라운의 「다 빈치 코드」를 다루었고, 이창동 감독의 영화 "밀양", 신경숙의 소설 「엄마를 부탁해」를 차례로 다루었습니다. 이것이 밑거름이 되어 「다 빈치 코드는 없다」, 「숨어 계신 하나님」(이상 IVP) 그리고 「엄마가 희망입니다」(포이에마)가 출간되었습니다.

「오두막」에도 설교 주제로 삼을 만한 소재들이 많이 있었습니다. 그것들을 노트에 적으면서 따져 보니 20주는 걸릴 것 같았습니다. 하지만 연속 설교를 그렇게 오래 하는 것은 바람직하지 못합니다. 그래서 12주로 줄여서 시리즈 설교를 하게 되었습니다.

「오두막」에 대한 특별 시리즈 설교 계획을 듣고 많은 교우들이 열띤 호응을 보여 주셨습니다. 이미 이 소설을 읽은 자녀들로부터 이 책을 선물받은 분들이 몇 있었는데, 그분들이 특히 좋아하셨습니다. 모처럼, 1세와 2세가 함께 책을 읽고 생각을 나눌 수 있는 기회를 만들 수 있겠다 싶었습니다. 그러나 이번에도, 이 계획을 잡아 놓고 준비하는 동안 제 마음은 심한 부담감에 짓눌렸습니다. 2월에 계획을 세워 놓고 5월이 되기까지 많은 책을 읽고 연구하며 준비하였습니다.

지나고 보니 참으로 고통스런 시간이었지만, 그만큼 보람도 큽니다. 교회 안팎에서 많은 분들이 관심을 보이시고, 이메일을 통해 감사의 말을 전해 오는 분들도 적지 않았습니다. 상처와 치유와 용서를 다루는 주일에는 많은 분들이 눈물을 흘렸고, 깊은 감동을 전해 오셨습니다. 저 자신에게는 지경을 넓히는 계기가 되었습니다. 악의 문제, 삼위일체의 문제 같은 것은 설교자로서 꺼려지는 주제입니다. 이 소설이 저로 하여금 그 문제를 피해 갈 수 없게 했기에 기도와 연구와 번민의 과정을 거쳐 이 주제들을 다루었습니다. 아마, 그중 두세 가지는 이런 계기가 아니었으면 제가 은퇴할 때까지도 다루지 않았을지 모릅니다.

제게 메일을 보냈던 친구 바바라는 우리 교회 웹사이트(www.kumcgw.org)를 통해 영문 번역 설교를 읽고, 치워 두었던 소설을 다시 꺼내 읽었다고 합니다. 저는 그 친구에게, "이 시리즈를 통해 은혜를 입은 사람이 있다면 다 당신 덕이다"라고 감사를 표했습니다. 진실로 그렇습니다. 성령은 이렇게 우리 곁에 있는 사람들을 통해 당신의 뜻을 분별하도록 일깨우십니다. 그것을 예민하게 느끼고 민첩하게 응답해야 하는데, 저는 6개월이나 걸렸던 것입니다. 이제 그 모든 작업을 끝내며, 저를 흔들어 깨워 주신 하나님께 감사드립니다. 이번 기회에 많이 배웠고 많이 깨달았습니다. 이렇게 저를 살아 있게 하심에 감사드립니다. 또한 격려와 기대와 호응으로 밀어 주신 교우들께도 감사드립니다.

이 책은 열두 번의 시리즈 설교를 정리한 후 한 편(9장)을 더한 것입니다. 각 장의 마지막에는 그룹 스터디를 위한 질문이 있습니다. 소설을 함께 읽고 이 책의 주제 하나하나를 따라가면서 도움을 얻을 수 있기 바랍니다. 부디, 독자들이 이 책의 도움으로 자신의 오두막을 찾아가, 그곳에서 하나님을 새롭게 만나고, 그 만남으로 인해 새로운 세상에 눈뜨게 되시기를 바랍니다.

소설 「오두막」에 대해

2007년에 미국에서 출간된 「오두막」은 출판계에 기현상을 일으켰습니다. 저자인 폴 영에 의하면, 무려 29개의 출판사에 문의를 했으나 모두 거절당했다고 합니다. 출판사에서 거절한 가장 큰 이유는 "예수에 대한 언급이 너무 많다"는 것이었습니다. 저자는 하는 수 없이 친구가 운영하는 영세한 인쇄소에서 자비로 출판을 합니다. 처음부터 저자는 자녀들과 친구들에게 자신의 치유 이야기를 들려 주기 위해 이 소설을 썼기 때문에 적은 부수만 내서 아는 사람들끼리 돌려 보는 것으로도 만족할 수 있었습니다.

그렇게 전해지고 읽혀진 이 소설은 곧 민들레 홀씨와 같은 번식의 기적을 만들어 냅니다. 책을 읽은 사람들이 다른 사람들에게 선물하려고 열 권씩, 급기야 박스로 주문을 하기 시작했습니다. 곧 대량 출간이 되기 시작했고, 인터넷 서점에도 보급되었습니다. 얼마 지나지 않아 이 소설은 아마존(amazon.com)의 베스트셀러 목록에 올라가게 되고, 뉴욕타임스 베스트셀러 목록에도 그 이름을 등재했습니다. 제가 이 글을 쓰고 있는 2010년 현재 약 800만 부가 팔려 나갔으며, 세계 여러 나라 언어로 번역되었습니다. 우리 나라에서도 물론 사랑받고 있습니다.

이 소설은 미국 기독교계에 큰 반향을 일으켰습니다. 인터넷 검색을 하면 금세 알 수 있듯이, 이 소설을 소재로 설교를 한 목회자들이 많습니다. 소그룹 모임의 교재로도 널리 사용되고 있습니다. 베일러 대학교(Baylor University)의 조직신학 교수인 로저 올슨(Roger E. Olson)은 이 소설에 대한 신학적 평가서인 「오두막에서 만난 하나님」(*Finding God in the Shack*, 살림)을 펴냈습니다.

이 소설에 대한 교계의 반응은 극명하게 갈립니다. 로저 올슨처럼 긍정적인 시각에서 이 소설을 소화하려는 사람들이 있는 한편, 혹독하게 비판하며 "오두막에 가지 마시오!"라며 경고하는 설교자들도 있습니다. 저는 이 소설을 긍정적으로 보는 입장입니다. 물론 동의할 수 없는 부분도 있고, 아쉬운 부분도 있으며, 위험하다 싶은 부분도 있습니다. 하지만 전체적으로 볼 때, 이 소설은 '공감적 독서'를 하는 사람들에게 큰 유익을 끼칠 것이라고 봅니다. 그것이 저 자신의 경험이고, 또한 인터넷 독자평에서 많은 독자들이 증언하는 바입니다. 유진 피터슨은 이 소설에 대한 추천사에서, 존 번연의 「천로역정」이 당시 사람들에게 끼친 것과 맞먹을 정도의 영향력을 이 소설이 우리 시대에 끼칠 것이라고 예측했습니다. 이 평가가 얼마나 정확할지는 두고 볼 일이지만, 한 번쯤 진지하게 씨름해 볼 만한 작품임에는 틀림이 없습니다.

이 소설은 '이야기로 푼 조직신학'이라고 할 수 있습니다. '조직신학'(systematic theology)은 신학의 주요 주제들(예컨대, 하나님, 그리스도, 성령, 창조, 타락, 죄, 구원 등)을 연구하고 설명하는 학문입니다. 소설「오두막」은 기독교 신학의 여러 가지 주제들을 이야기 형식으로 풀어 낸 작품입니다. 저는 이 책에서 열세 가지 주제만을 다루었지만, 그 밖에 미처 다루지 못한 주제도 그만큼 많습니다. 저는 이 소설을 읽으면서 자주 밑줄을 긋고, 행간에 느낌표를 찍고, 이런 저런 메모를 적어 놓았습니다. 저에게 이 소설은 줄곧 신학적 사고를 촉진시켜 주고, 창조성을 자극시켜 주었습니다.

그래서인지 이 소설을 어렵게 느끼는 독자들이 적지 않습니다. 제가 섬기는 교회에는 폭넓고 수준 높은 독서가인 교우들이 계신데, 연속 설교를 하는 동안 그런 분들이 제게 다음과 같은 말씀을 하셨습니다. "이 소설은 내가 읽은 것 중 가장 독파하기 어려운 책이었습니다." 여기에는 번역상의 문제도 있고, 문화적 차이도 있습니다. 번역자가 아무리 공을 들여도 '번역은 반역'이 되는 현상이 일어납니다. 또한 미국인들은 기독교 문화에서 자랐기 때문에 웬만한 신학적인 용어들에 대한 선이해가 있습니다. 하지만 우리는 그렇지 않습니다. '인연'이니 '팔자'니 하는 단어가 불교권 독자들에게는 친숙하지만, 기독교 문화권에서는 감이 잡히지 않는 어려운 용어가 되는 것과 마찬가지입니다. 그러한 차이가 이 소설을 읽는 데 장애물이 됩니다.

하지만 이 장애물은 뛰어넘을 수 있으며 또한 뛰어넘어야 합니다. 때때로 이해가 되지 않는 부분이 있으면 표시를 해 놓고 계속 읽어 나가 보십시오. 그렇게 한 번 완독을 하신 다음, 제 글을 읽으시면 훨씬 유익할 것입니다. 제 글을 읽고 소설을 다시 한 번 읽는 것도 권해 드리고 싶습니다. 이 소설에 대해 연속 설교를 하는 중에 교우들께서 다음과 같은 말씀을 자주 하셨습니다. "처음에는 무슨 이야기인지 모르겠더니, 목사님의 설교를 듣고 나니 알겠더군요." 신학적 배경에 대해 잘 알지 못하는 독자들은 이렇게 하면 도움을 받을 수 있을 것입니다.

이 책에서 저는 종종 세계사에서 번역한「오두막」본문을 인용하였습니다. 간혹 의미를 정확히 전달하기 위해 원문에 비추어 번역에 손을 댄 경우가 있음을 밝힙니다. 번역자에게 지면을 빌어 양해를 구합니다. 아울러, 독자들이 이 소설을 '열독'(熱讀)하시기를 다시 한 번 추천합니다. 분명, 성령께서 여러분의 믿음의 시야를 활짝 열어 주실 것입니다.

1부
누구나 아프다

"모든 상처는 꽃을, 꽃의 빛깔을 닮았다."

1장
누구나 아프다

소설 「오두막」은 맥켄지 앨런 필립스(Mackenzie Allen Phillips)라는 가상의 인물에 관한 이야기입니다. 줄여서 '맥'이라고 부르는 그는 미국 중서부의 한 농장 지대 출신입니다. 그의 아버지는 엄격하고 냉담한 사람이었고, 보수적인 교회의 장로였습니다. 그 아버지에게는 심각한 문제가 하나 있었습니다. 자주 술에 만취하여 부인과 아이들에게 폭행을 가하는 것입니다. 저녁 식탁에서는 끝도 없는 설교와 훈계를 늘어놓고, 즉석 성경 퀴즈에 제대로 대답하지 못하면 아이들에게 끔찍한 벌을 주곤 했습니다.

열세 살 되던 해, 청소년 수양회에 갔다가 맥은 큰 은혜를 받습니다. 그는 지도 교사에게 기도를 부탁하면서 아버지 이야기를 털어놓습니다. 은혜에 너무 깊이 빠진 나머지, 그는 지도 교사가 아버지의 직장 동료라는 것을 깜빡했습니다. 며칠 후, 그 교사는 맥의 아버지에게 충고를 합니다. 좋은 뜻으로 한 일일 텐데, 그것이 맥에게는 큰 화를 초래합니다. 집에 돌아온 아버지는 가족을 모두 이모집에 보내고, 뒤

뜰에 있는 참나무에 맥을 묶어 놓고 허리띠로 때리고 성경 구절을 들이대면서 훈계를 합니다.

2주 후, 맥은 간신히 걸을 수 있게 되자 가출을 결행합니다. 열세 살 소년에게 세상은 결코 쉽지 않았습니다. 다행히, 그는 크게 탈선하거나 자포자기하지 않고 자신의 인생을 세워 나갑니다. 20대 초반에는 신학교에도 갑니다. 그는 성인이 되어 어머니와 여동생들을 만나 화해했으며, 내네트 새뮤얼슨과 결혼하여 평범한 직장인으로 살아갑니다. 그들 사이에는 다섯 자녀가 있었는데, 두 아들은 독립했고, 조시와 케이트 그리고 늦둥이 다섯 살 미시와 함께 살고 있습니다.

어느 해 노동절 연휴, 맥은 아이들 셋을 데리고 왈로와 호수 주립공원에 야영을 하러 갑니다. 간호사인 아내 낸은 연수차 시애틀에 갑니다. 맥은 세 아이와 꿈 같은 시간을 보냅니다. 그런데 마지막 날 사건이 일어납니다. 아들 조시와 딸 케이트가 카누를 타고 놀다가 그만 뒤집혀 버립니다. 맥은 강물로 뛰어들어 허우적거리는 케이트와 조시를 구조해 냅니다. 한참 후 뭍으로 올라와 한숨을 돌리고 있는데, 뭔가 이상한 느낌이 그를 사로잡습니다. 돌아보니, 벤치에서 색칠 놀이를 하고 있던 미시가 사라졌습니다.

경찰이 오고 비상이 걸렸습니다. 애간장을 태우는 초조한 시간이 지난 후, 경찰은 깊은 산 속, 버려진 어느 오두막에서 미시의 피 묻은 드레스를 발견합니다. 미시의 시신은 찾지 못했고, 미시를 살해한 범인은 어린 소녀들만 노려 범행을 저질러 온 연쇄살인범이라는 사실만

이 밝혀집니다. 다섯 살 어린 딸이 유괴범에게 납치되어 인적 없는 오두막에서 비참하게 살해되었는데, 그 시신조차도 수습하지 못한 것입니다.

거대한 슬픔

그 이후, 맥은 전혀 다른 사람이 되어 살아갑니다. 그의 마음에는 '거대한 슬픔'(the great sadness)이 자리잡습니다. 삶을 포기한 것은 아니지만, 그렇다고 살아 있다 할 수도 없습니다. 가끔 웃는 일이 있어도, 그 웃음에 구멍이 뚫려 있는 것을 느낍니다. 그해 여름 이후, 그 거대한 슬픔은 "투명하지만 무거운 누비이불처럼 맥의 어깨를 두껍게 감싸고" 있었습니다.

그렇게 4년이 지난 어느 날, 눈비가 심하게 오던 날, 맥은 우체통에서 발신인 주소도 없는 엽서 한 장을 발견합니다. 그 엽서에는 이렇게 쓰여 있습니다.

> 맥켄지, 오랜만이군요. 보고 싶었어요.
> 다음 주말에 그 오두막에 갈 예정이니까
> 같이 있고 싶으면 찾아와요.
> ─파파*

---

* 「오두막」, p. 22.

'그 오두막'은 말할 것도 없이 미시가 살해된 곳을 가리킵니다. 맥은 엽서를 받아들고 눈앞이 하얘집니다. '파파'는 아내 낸이 기도할 때 하나님을 부르는 말입니다. 그렇다면 하나님이 보낸 엽서인가? 도대체 그런 일이 일어날 수 있단 말인가? 아니면 누가 장난을 치는 건가? 누가 이렇게 잔인한 장난을 한다는 말인가? 혹시, 그 살인범이 나까지 노리고 있는 걸까?

아무리 생각해도 판단이 서지 않습니다. 하지만 맥은 차마 그 엽서를 구겨 버리고 모른 체할 수 없었습니다. 그 엽서를 보낸 사람의 정체가 무엇이든, 확인을 해야겠다고 생각합니다. 그는 아내와 아이들을 처제 집으로 보내 놓고 친구의 지프를 빌려 오두막으로 향합니다.

여기까지가 이 소설의 전반 약 1/4의 내용입니다. 나머지 부분에서는 맥이 찾아간 오두막에서 일어나는 일을 다루는데, 그에 대해서는 차차 살펴보기로 하겠습니다. 결론부터 말하자면, 그 오두막에서 맥이 하나님을 만나 대화하는 가운데 '거대한 슬픔'을 치유받는다는 것이 후반부의 내용입니다.

상처를 끄집어내는 소설

주인공 맥은 깊은 상처를 안고 사는 사람입니다. 그것은 흔치 않은 상처지만, 저자는 맥의 상처를 통해 독자들이 각자 자신의 상처를 돌아보기를 기대합니다. 이 소설이 지향하는 목적지는 '치유'와 '변화'입니다만, 그 목적지에 이르기 위해 먼저 자신의 상처를 대면하도록 독자를 흔듭니다. 그동안 외면해 왔던, 혹은 억압해 왔던, 어쩌면 망각해 왔던 상처를 대면하라는 것입니다. 이야기의 힘은 참으로 강하고도 신비롭습니다. 이 이야기를 읽는 동안 독자는 자신의 상처를 떠올리게 되기 때문입니다. 그 점에서 이 소설은 뛰어난 작품입니다.

얼마 전 멕시코 단기 선교 여행을 다녀오는 동안, 저는 아주 이상한 체험을 하였습니다. 그 여행 중에 저는 이 소설을 두 번째로 읽고 있었습니다. 보스턴에서 휴스턴으로, 휴스턴에서 메리다로 가는 공항 대합실과 비행기에서 저는 이 이야기에 푹 빠져 있었습니다.

멕시코에서의 둘째 날, 저는 아주 특별한 꿈을 꾸었습니다. 꿈 속에서 누군가를 만났는데, 그 사람이 제 눈을 정면으로 응시하며 지나가는 겁니다. 그런데 그 사람의 눈망울에서 저에 대한 강한 원망의 빛이 보입니다. 저는 가슴이 서늘할 정도로 강렬한 적의를 느꼈습니다. 그것이 얼마나 강렬했던지, 저는 소스라쳐 깨어났습니다.

잠시 후, 다시 잠을 청하는데 잘 되지 않았습니다. 아무래도 그 꿈에 무슨 메시지가 있는 것 같았습니다. 그래서 자문해 보았습니다. "내 안에 아직도 해결되지 않은 상처가 있는가? 나에게 그토록 심한 원망을 품고 있는 사람이 누구일까?" 성령께서 그 꿈을 통해 제게 뭔가를 가르쳐 주시려는 것 같았습니다. 어릴 적부터 기억을 하나씩 떠올려 보았습니다. 그렇게, 오래된 필름을 되돌려 보다가, 제 안에 완전히 해결되지 않은 문제가 하나 있음을 깨달았습니다. 아니, 해결되지 않은 문제들은 많이 있겠으나, 그중 하나가 또렷이 제 의식에 떠올랐습니다. 그렇게 단정할 논리적 근거가 하나도 없었지만, 제 마음에 '바로 그거구나!'라는, 아주 분명한 확신이 들었습니다.

저는 어둠 속에서 조용히 일어나 떨리는 마음으로 간절히 기도를 드렸습니다. 제가 그 사람에게 준 상처가 아직도 남아 있다면 치료해 주시기를 기도했습니다. 또한 제게 남아 있는 상처를 위해서도 기도 했습니다. 하나님의 용서와 자비를 구했습니다.

이 소설을 읽는 동안, 제 의식은 '나는 이 같은 상처가 없다'고 생각했던 것 같습니다. 그런데 이 이야기가 제 무의식 속에 있는, 아직 해결되지 않은 많은 상처들 가운데 하나를 기억나게 하고, 그것을 다시 보도록 저를 일깨웠던 것입니다. 잘 만들어진 이야기 하나가 얼마나 신비로운 힘을 발휘하는지요! 시카고에서 목회를 하는 제자가 있는데, 이 소설을 읽고 다음과 같은 메일을 보내 왔습니다.

작년에 구입해 놓았지만 왠지 모르게 주저하면서 읽지 못했던 소설이었습니다. 그 알 수 없는 주저함이 무엇인지 이제야 알 것 같습니다. 성령님의 신비로운 움직이심과 역사하심이란…. 하나의 소설이 내 마음 깊은 곳에 자리 잡은 상처들과 죄책감을 부드럽게 들추어내고, 느끼게 하고, 그리고 동시에 용서하고 치유할 수 있다는 사실에 그저 말을 잃었습니다.

이 소설의 저자 폴 영도 많은 상처를 안고 산 사람입니다. 캐나다 태생인 그는 목사이면서 선교사인 아버지를 따라 뉴기니에서 열 살까지 살았습니다. 그곳에서 폴은 원주민에게 성적 학대를 당합니다. 청소년기에 그는 잠시 다니던 기숙학교에서 상급생에게 또다시 성적 학대를 당합니다. 그뿐 아니라, 선교사 자녀들이 자주 그렇듯이, 그는 졸업할 때까지 열세 번이나 전학을 해야 했습니다. 그것도 언어와 문화가 다른 나라로 돌아다니면서 말입니다.

그는 자신이 겪은 아픔들을 이렇게 말합니다.

"여러 다른 문화에 적응하면서 겪은 아픔, 사랑하는 사람들을 연이어 잃는 아픔, 겨울 한밤중에 일어나 철길을 따라 폭풍 속으로 걸어 들어가야만 했던 아픔, 제정신을 유지하기 어려울 정도로 끊임없이 내면을 흔들어대는 그 깊고 시끄러운 수치심의 아우성, 개인적인 실패로 깨어지고 지워져 버린 꿈들, 방아쇠만이 유일한 해결책일 것 같은 희미한 희망."*

그는 이 모든 상처와 아픔을 억누르며 정상적인 삶을 살고자 발버둥 쳤습니다. 그로 인해 완벽주의적인 성향이 생기고, 일중독에 빠지는 등, 이런 저런 문제는 있었지만 가까스로 정상인처럼 살아갑니다. 하지만 서른여덟이 되던 해, 억눌린 상처와 아픔이 그 흉한 모습을 드러냈고, 그는 아내와 자녀들 그리고 사랑하는 사람들에게 지독한 아픔과 상처를 안겨 주게 됩니다. 그의 삶은 한순간에 난파선이 되고 말았습니다.

---

* 「오두막」의 공식 홈페이지, http://theshackbook.com.

다행히 아내 킴은 남편을 떠나지 않고, 그로부터 11년 동안 남편의 치유 과정을 함께했습니다. 이 과정을 통해 그는 상처 없는 사람은 아무도 없다는 것을 깨달았고, 그들을 위해 자신의 상처와 치유 이야기를 써야겠다고 생각했습니다. 그리고 앞에서 말씀드린 것처럼, 이 소설은 지금까지 800만 부가 넘게 팔려 나갔습니다.

이 기현상을 어떻게 설명할 수 있을까요? 이 소설이 누구나 지닌 상처, 잊혀졌거나 억압되어 있던 상처를 기억하도록 이끌었기 때문이라고 대답한다면, 너무 단정적이라고 하시겠습니까?

삶은 고해다

그렇습니다. 누구나 상처가 있습니다. 이 땅에서 인간으로 살아간다는 것은 곧 상처를 주고 상처를 입는다는 뜻입니다. 어린아이가 찢어질 듯한 울음을 울면서 태어나는 것은 아주 의미심장한 일입니다. 인생을 시작하면서 처음으로 느끼는 것은 아픔이라는 뜻입니다. 예수님은 "너희는 세상에서 환난을 당할 것이다"(요 16:33)라고 말씀하셨습니다. 우리 시대에 가장 존경받는 정신과 의사이자 사상가인 스캇 펙 또한 그의 명저 「아직도 가야 할 길」(*The Road Less Traveled*, 열음사)의 첫 문장을 이렇게 적었습니다. "삶은 고해(苦海)다".

왜 그렇습니까? 창세기 3장과 이어지는 4장에 그 해답이 있습니다. 창세기 1장과 2장에서, 하나님이 지으신 창조 세계는 완벽한 조화, 하나됨, 평화를 이루고 있습니다. 그런데 3장에 들어가면, 그 조화와 하나됨과 평화에 균열이 생깁니다. 가장 먼저, 하나님과 인간의 관계에 금이 생깁니다. 아담과 하와는 죄를 짓고 하나님의 낯을 피해 숨습니다.

하나님과의 관계에 금이 가자, 인간 사이에 금이 갑니다. 2장에서는 아담과 하와가 벌거벗었어도 아무런 부끄러움을 느끼지 못했는데, 하나님께 죄를 짓고 나서는 서로 부끄러움을 느끼고 나뭇잎으로 치부를 가립니다. 그 균열은 인간과 자연의 관계에도 영향을 미칩니다. 자연은 인간에게 길들여지기를 거부하고, 인간은 그 자연을 정복하기 위해 땀을 흘려야만 하는 관계로 타락합니다. 창세기 3장과 4장은 인생에 대한 하나의 진리를 아주 선명한 목소리로 들려줍니다. 우리가 사는 세상은 '깨어진 세상'이요, 우리가 함께 더불어 사는 사람들은 '상처입은 사람들'이라고 말입니다.

이는 또한 소설 「오두막」이 우리에게 들려주는 진실입니다. 즉 "누구나 아프다"는 것입니다. 인생을 살아가다 보면, 나도 아프고, 너도 아픕니다. 누구는 과거에 심히 아팠습니다. 지금 아픈 사람도 있습니다. 과거에도 아프지 않았고, 지금도 별로 아프지 않다면, 앞으로 아플 것입니다. 협박이 아닙니다. 삶의 진실입니다. 헨리 나우웬(Henri Nouwen)은 「이는 내 사랑하는 자요」(*Life of the Beloved*)라는 책에서 친구 프레드 브랫트만에게 이렇게 말합니다.

자네는 상처받은 사람이고, 나 역시 상처받은 사람이지. 그리고 우리가 알고 있는 모든 사람이 상처받은 사람이네. 우리가 상처받았다는 사실은 너무나 분명하고 확실하며, 너무나 구체적이고 뚜렷해서, 이 사실 외에 다른 것을 생각하거나 말하거나 쓸 것이 많다는 점을 믿기 어려울 때가 자주 있지.*

누구나 아프다

우리가 사는 이 세상은 깨어진 세상이며, 우리가 함께 더불어 사는 사람들은 모두 상처입은 사람들이라는 사실을 기억하면, 적어도 두 가지 변화가 일어납니다.

첫째, 상처를 받고 아파하고 있을 때, 누구나 때로 아프다는 사실을 아는 것은 큰 위로가 됩니다. 나만 당하고 사는 줄 알았는데, 나만 재수에 옴 붙은 줄 알았는데, 혹은 하나님이 나만 피해 다니시는 것 같았는데, 겉으로 멀쩡해 보이는 저 사람도 그 나름의 상처가 있고, 행복해 보이기만 하는 저 사람도 나름의 아픔이 있음을 알면, 버틸 힘이 생깁니다. 때로는 다른 사람의 상처는 작아 보이고 내 상처만 커 보일 수 있습니다. 객관적으로 볼 때 큰 상처가 있고 가벼운 상처가 있겠지만, 상처란 당하는 사람에게는 늘 절대적인 무게로 느껴지는 법입니다.

이 대목에서 노래 하나가 생각납니다. 미국의 록 밴드 R. E. M.이 부른 노래인데, 그 가사가 대략 이렇습니다.

---

* 「이는 내 사랑하는 자요」(IVP), p. 73.

누구나 아파요(Everybody Hurts)

긴 하루가 지나고 밤을, 당신 홀로 밤을 맞을 때,

더 이상 살아갈 이유가 없다고 느껴질 때,

그래도 견디세요. 포기하지 마세요.

누구나 때로 울고, 누구나 때로 아프기 때문이죠.

때로는 모든 것이 엉망일 수 있어요.

그때, 노래를 부르세요.

당신의 날들이 어둠뿐일 때,

견디세요, 버티세요.

다 포기하고 싶을 때,

버티세요.

이젠 더 이상 버틸 수 없다고 느껴질 때,

그래도 버티세요.

누구나 아프기 때문이죠.

혼자라고 느껴지나요?

아니, 아니, 그렇지 않아요. 당신은 혼자가 아니에요.

당신이 세상에 홀로 남겨졌다면,

낮과 밤들은 견딜 수 없이 길 거예요.

때로 누구나 아파요. 누구나 울어요.

당신 혼자만 그런 게 아니에요.

둘째, 우리가 사는 세상이 깨어진 세상이요 우리가 함께 더불어 사는 사람들이 상처입은 사람들이라는 것을 알 때, 우리는 서로를 보듬어 치유의 길을 찾을 수 있습니다. 앞에서 소개한 노래처럼, 누구나 아프다는 사실을 아는 것만으로도 힘이 납니다. 하지만 거기서 멈출 수 없습니다. 견디고 버티면서, 그 상처를 치유해 나가야 합니다. 내가 지금 겪고 있는 문제는 대부분 나의 상처에서 온 것입니다. 나를 아프게 하는 사람들의 행동도 알고 보면 그 사람이 가진 상처에서 나오는 겁니다. 그러므로 나와 너의 진정한 희망은 상처를 치유하는 데 있습니다. 상처를 치유하는 것은 혼자만의 노력으로 되지 않습니다. 사랑하는 사람들이 서로 보듬어 주어야만 합니다.

치유를 향한 첫걸음

이 책을 손에 드신 당신에게 초청합니다. 이 책과 소설 「오두막」을 가지고 씨름하면서, 우리 각자가 자신의 상처를 정직하게 대면해 보시기를 바랍니다. 우리의 상처로 우리 영혼 안에 스스로 지은 그 흉한 오두막을 다시 찾아갈 용기를 낼 수 있기를 바랍니다. 그것이 치유의 첫걸음입니다. 또한 우리의 시각이 바뀌어, 만나는 모든 이들을 상처입은 사람으로서 대하고, 그 상처에서 나오는 쓴물을 견디어 주며, 서로 보듬어 상처를 치유할 수 있기를 바랍니다. 상처의 치유에 대해서는 다음 장에서 다룰 것입니다. 여기서는 다만, 너나 나나 모두 다 아프다는 이 하나의 진실에 눈을 뜰 수 있기를 바랍니다.

진정한 위로자이신 성령의 위로가 저와 당신, 그리고 이 땅의 모든 상처받은 영혼들에게 함께하기를 기도합니다.

상처의 왕이신 주님,
상처입은 저희가
깨어진 세상에서
상처입은 사람들과 더불어 살아갑니다.
저희의 상처를 대면하여
치유의 길을 찾게 하시며,
저희를 사용하시어
세상의 깨어짐과
이웃의 상처를 치유하소서.
아멘.

말씀 묵상
창세기 3-4장을 읽고, '타락의 결과'에 대해 묵상합니다.

토론 질문
이 글을 읽으면서 떠오른 과거의 상처가 있다면, 그 상처는 아직 해결되지 않았을 가능성이 큽니다. 조용히 묵상하는 가운데 아직 치유되지 않은 상처가 어떤 것인지 찾아 보십시오.

누구나 상처가 있다는 사실을 안다면, 다른 사람을 대할 때 어떤 변화가 생길까요? 어떤 사람을 잘 이해할 수 없었는데, 나중에 그의 숨겨진 상처를 알고 이해할 수 있었던 경험이 있다면 나누어 봅시다.

기도
함께 기도하면서 성령의 도우심을 구하십시오. 외면했던 상처를 생각나게 하시고 대면하게 하시는 은혜를 구하십시오.

2장
그대의 오두막으로 가라

앞 장에서, 우리가 사는 이 세상은 '깨어진' 세상이며, 우리는 '상처입은' 사람들과 더불어 산다는 진실을 살펴보았습니다. '깨어진 세상'에서 '상처난 사람들'과 함께 살다 보니, 나도 아프고, 너도 아프고, 누구나 아프다고 했습니다. 그것이 상처에 관한 첫째 진실입니다.

상처에 관한 둘째 진실이 있습니다. '상처가 나를 만든다'는 것입니다. 태어나는 순간부터 여러 경험을 겪어 가면서 우리의 자아는 형성됩니다. 이 과정에서 가장 큰 역할을 하는 것이 바로 상처입니다. 밝고 긍정적인 자아를 가진 사람은 상처를 비교적 덜 받았거나, 상처가 있지만 그보다 넘치는 사랑을 받아 그 상처기 대부분 치유된 사람입니다. 반면, 상처를 심하게 받았는데 그것을 상쇄할 만한 사랑을 경험하지 못한 사람은 부정적이고 어두운 자아를 가지게 됩니다. 따라서 그 사람이 어떤 상처를 받았는지, 그리고 그 상처가 지금 어떤 상태에 있는지를 아는 것은 그 사람을 이해하는 데 매우 중요한 일이라 할 수 있습니다.

"내 마음 나도 몰라!"라는 말을 자주 합니다. 자기 마음이 어디로 움직이는지 자신도 모르는 겁니다. 나는 그렇게 하고 싶지 않은데, 내 마음은 원치 않는 행동을 하도록 이끕니다. 사랑하는 사람에게 상처 주는 행동을 하지 않겠다고 다짐하지만, 어느 사이에 원치 않는 말이 터져 나오고, 원치 않는 행동을 하고 맙니다. 그러한 자신에 대해 절망하고 다시 다짐해 보지만, 별로 나아지지 않습니다. 왜 그렇습니까? 여러 가지 이유가 있겠으나, 가장 큰 이유는 해결되지 않은 어떤 상처에 있습니다.

상처가 나를 만드는 것은 사실입니다. 하지만 나 자신의 행복과 사랑하는 사람들의 행복을 위한다면, 상처가 더이상 나를 만들어 가지 않도록 해야 합니다. '상처'가 아니라 '사랑'이 나를 만들어야 합니다. 하나님은 인간을 그렇게 지으셨습니다. 사랑을 주고받으면서 그 사랑 속에서 자아가 형성되도록 만드셨습니다. 그런 사람은 사랑을 전염시키며 살아갑니다. 하지만 죄로 인해 이 세상이 깨어지고 더불어 사는 사람들이 상처를 입자, 우리의 자아는 사랑보다는 상처에 더 큰 영향을 받게 되었습니다. 그러나 우리는 상처가 만든 나를 바꿀 수 있어야 하고, 앞으로 받게 될 상처가 나를 규정하지 못하도록 해야 합니다.

그렇다면, 이미 받은 상처, 내 마음을 나도 모르게 지배하고 있는 그 깊은 상처를 어떻게 하면 치유할 수 있을까요? 이 문제에 대해 소설 「오두막」은 아주 중요한 암시를 던져 줍니다. 저자인 폴 영은 자신의 상처 치유 경험을 바탕으로 이 소설을 썼습니다. 제가 이해하는 한,

이 소설은 상처 치유에 대한 세 가지 해법을 제시하고 있습니다.

상처를 대면하라

첫째, 「오두막」은 독자로 하여금 자신의 상처를 대면하도록 격려합니다. 맥은 다섯 살바기 딸아이를 연쇄살인범의 손에 잃었습니다. 사람의 마음을 지닌 이로서 맥의 아픔을 이해하지 못할 사람이 누가 있겠습니까? 물론 직접 당해 보지 않은 사람은 그 슬픔의 깊이와 무게를 다 알 수 없습니다. 그런 일을 당하고도 맥이 살아 있다는 것은 어찌 보면 기적과도 같습니다. 사실, 이런 일이 소설에서나 일어난다고 생각하면 큰 오산입니다. 최근에 연이어 일어나고 있는 어린이 성폭력 사건들은 이보다 더하면 더했지 결코 못하지 않습니다. 맥과 같은 상처를 안고 사는 사람들이 이 땅에 얼마든지 있다는 뜻입니다.

미시를 잃은 후 맥은 3년 반 동안 납으로 만든 가운을 걸친 듯 힘겹게 살았습니다. 마치 먹구름이 하늘을 덮듯, 그의 마음은 '거대한 슬픔'으로 뒤덮여 있었습니다. 그는 모든 일에 신명과 재미를 잃어 버렸습니다. '죽지 못해 사는 목숨'이라는 말이 맥에게 딱 들어맞는 말이었습니다. 그렇게 사는 것밖에는 다른 방법이 없다고 생각했음에 틀림없습니다. 아니, 그 '거대한 슬픔'을 지고 사는 것이 미시에 대한 최소한의 도리라고 생각했습니다. 남겨진 가족이 있기에 자신의 생명을 스스로 거둘 수도 없는 노릇입니다. 그래서 그는 그 납덩이를 짊어지고 우울의 늪 속을 힘겹게 걸어가고 있었습니다.

하지만 그에게는 또 다른 길이 있었습니다. 그 상처를 치유하는 길입니다. 상상하기는 힘들지만, 그렇게 깊은 상처도 치유할 수 있다는 것이 이 소설의 메시지입니다. 맥의 상처가 치유될 수 있다면, 이 땅에 치유받지 못할 상처는 없을 것입니다. 딸이 살해된 오두막으로 오라는 하나님의 초대는 바로 치유의 길로 오라는 초대입니다. 맥이 찾아간 그 오두막은 실은 그의 영혼 안에 지어진 오두막입니다. 지난 3년 반 동안, 그 끔찍한 두려움 때문에 한 번도 들추어보지 않았던 깊은 영혼의 상처를 대면하라는 초대입니다. 맥이 오두막을 향해 가는 과정을 소설은 이렇게 묘사합니다.

> 협곡으로 올라가는 좁은 길목에 이르자 의식을 뚫고 공포가 침입해 들어오는 것이 느껴졌다. 그는 오로지 운전에만 열중하려 했으나 눌러왔던 감정과 두려움이 콘크리트를 뚫고 올라오는 잡초처럼 그의 속을 비집고 튀어나왔다. 시야가 캄캄해졌고, 길이 갈라질 때마다 방향을 틀어서 집으로 돌아가고 싶은 욕망 때문에 운전대를 잡은 손에 더욱 힘을 주어야 했다. 그는 자신이 고통의 중심으로, 살아 있다는 느낌을 완전히 망가뜨린 '거대한 슬픔'의 소용돌이 속으로 돌진하고 있다는 것을 알고 있었다. 생생한 기억과 통렬한 분노가 파도처럼 밀려들었고 입 안에서 씁쓸한 피 맛이 났다.*

---

* 「오두막」, p. 110.

상처 치유에 대해 전문가들이 쓴 글을 읽어 보면 예외 없이 치유의 첫 단계로서 "상처를 대면하라"고 말합니다. 존 엘드리지(John Eldredge)는 이렇게 말합니다. "우리는 상처 속으로 들어갈 수 있어야 한다."* 그런데 우리 마음은 집요하게 상처를 피하려 합니다. 맥은 그 오두막을 향해 가는 동안 길이 갈라질 때마다 집으로 돌아가고 싶은 충동을 느낍니다. 그것이 우리 본성입니다.

실로, 치유되지 않은 상처를 다시 대면하는 것은 심히 고통스러운 일입니다. 실수와 실패, 학대, 차별, 다툼, 버림받음, 사랑하는 사람을 잃은 아픔…그 상처가 무엇이든, 그것을 다시 들추어보기란 힘듭니다. 수치심, 후회, 모멸감, 절망감, 분노 등의 감정이 일제히 밀려올 때, 우리는 그것을 감당하기 어렵습니다. 그래서 외면하거나 무시하거나 억누르거나 정당화해 보려고 합니다. 하지만 치유되지 않은 상처는 그대로 사라져 주지 않습니다. 끌어안고 치유하지 않는 한, 상처는 언제까지나 남아 우리를 괴롭힙니다. 진정한 해결을 원한다면, 그것을 품에 안고 눈물로 녹여내지 않으면 안 됩니다. 눈물은 약한 사람의 전유물이 아닙니다. 폴 영이 소설 속에서 말하듯, 그것은 '치유의 물'입니다.

함께 나누라

둘째, 상처를 내어놓고 이야기해야 합니다. 우리 마음은 상처를 담

---

* 「마음의 회복」(좋은씨앗), p. 206.

을 수 있는 용량이 제한되어 있습니다. 마음이 받아들일 수 있는 용량을 넘어서면, 상처는 화산처럼 폭발하거나 생명을 질식시킵니다. 몇 년 전 일어난 버지니아텍 총격 사건은 상처가 쌓여 폭발한 예라고 할 수 있고, 최근 유명인들이 연이어 자살한 일들은 상처에 눌려 질식해 버린 예가 아닐까 생각합니다. 우리 마음이 그렇습니다. 한없이 쌓아두면 안 됩니다.

누구나 자신의 상처가 다른 사람에게 알려지는 것을 꺼립니다. 상처가 깊을수록 더 그렇습니다. 그래서 스스로 독방에 갇혀 암울한 나날을 지냅니다. 감당할 수 없는 상처를 마음에 품고 있으면서도 겉으로는 아무렇지 않은 듯이 연극을 하며 살아갑니다. 그런 인생은 하루하루가 얼마나 힘겨운 싸움이겠습니까? 아무리 작은 상처라도 다른 사람에게 알려질까 전전긍긍합니다.

자신의 상처를 다른 사람에게 털어놓는다는 것은 실로 위험한 일입니다. 사람들의 가십거리가 될 수도 있고, 엉뚱한 오해와 비난을 받을 수도 있습니다. 하지만 상처를 마음에 쌓아두는 것이 훨씬 더 위험한 일입니다. 사실, 다른 사람의 가십과 오해와 비난은 나를 해치지 못합니다. 물론, 속이 상할 수는 있습니다. 하지만 마음에 쌓아둔 상처는 나의 삶을 폭발시키거나 질식시킵니다. 그러므로 지혜로운 방법으로 자신의 상처와 아픔을 쏟아 낼 방법을 찾아야 합니다.

누군가 믿을 만한 사람을 찾아 자신의 이야기를 나누는 것으로 시작할 수 있습니다. '믿을 만한 사람'이라 함은 우선 성숙한 믿음의 사람을 가리킵니다. 교리적인 믿음이나 형식적인 믿음이 아니라, 하나님과의 살아 있는 관계 안에 사는 사람입니다. 또한 타인을 향한 사랑이 많고, 인간에 대한 이해가 깊은 사람이면 좋습니다. 과묵함도 매우 중요한 덕목입니다. 그런 사람이 배우자라면 제일 좋을 것입니다. 배우자가 아니더라도, 친구나 교우 가운데 그런 사람이 한둘은 있어야 합니다. 깊은 상처를 나눌 사람 하나 없다면, 지금이라도 그런 진지한 사귐을 시작해 봅시다. 당장에는 그런 사람이 없다면, 일기를 쓰거나 글을 씀으로써 마음의 상처를 토해 낼 수 있습니다. 하지만 가장 좋은 것은 마음을 열어 대화할 수 있는 영적 친구를 찾는 일입니다.

아울러, 상처가 특별히 뿌리가 깊다면 전문가, 즉 정신과 의사나 상담가, 상담 전문 목회자의 도움을 받는 일에 주저할 필요가 없습니다. 전문가의 도움을 받으면 자신의 상처를 더 잘 이해할 수 있고, 그 상처를 치유하는 과정에서 유익한 도움을 얻을 수 있습니다. 상처가 깊으면 치유 과정에서 보통 사람은 이해할 수 없는 일들을 겪게 됩니다. 이럴 경우 전문가의 치료는 큰 도움이 됩니다. 깊은 상처일수록 대면하기를 꺼리게 되고, 상처의 지배력이 강할수록 그것을 치유하려는 노력은 방해를 받습니다. 심리 치료를 하는 분들은 이구동성으로 말합니다. 치료받고자 하는 본인의 의지가 가장 중요한데, 상처받은 마음 안에는 그것을 그대로 품고 살려는 욕망이 있다고 말입니다. 본인이 끝내 치료받기를 원치 않으면, 제아무리 뛰어난 전문가라도 어쩔 수 없습니다. 그러므로 스스로 자신을 잘 살펴, 상처 치유를 방해하는 마음을 극복하려고 노력해야 합니다.

치유를 온전케 하는 은혜

셋째, 하나님의 은혜를 입을 때 상처는 비로소 온전히 치유됩니다. 상처는 믿음을 뿌리째 흔들지만, 동시에 하나님의 임재와 은혜를 가장 진하게 경험할 수 있는 곳이기도 합니다. "죄가 많은 곳에, 은혜가 더욱 넘치게 되었습니다"(롬 5:20)라는 바울의 말씀을 빌려 표현한다면, "상처가 많은 곳에 은혜가 더욱 넘친다"라고 할 수 있습니다. 제가 좋아하는 복음성가 가수 스티브 그린(Steve Green)이 부른 "깨어진 곳에서 빛나는 주님"(In Brokenness You Shine)이라는 노래가 있습니다. 상처받아 깨어진 곳에서 주님의 임재가 빛난다는 뜻입니다. 경험해 보지 않고는 동의할 수 없는 '역설적 진리'입니다.

앞 장에서 저는 소설 「오두막」의 초반부 줄거리를 소개했습니다. 전체 3/4에 해당하는 나머지 내용은 미시가 살해된 오두막에서 맥이 경험한 일을 그리고 있습니다. 엽서를 받고 나서, 맥은 두려움과 기대감이 교차하는 가운데 그 오두막으로 갑니다. 몇 년이 지났음에도 마룻바닥에는 미시의 핏자국이 흐릿하지만 분명하게 남아 있습니다. 하지만 그를 초대한 이는 그 어디에도 보이지 않습니다. 그는 절망감과 분노로 치를 떨고 울며 몸부림을 칩니다. 보이지도, 들리지도 않는 하나님을 향해 마음속에 품어 두었던 분노를 한꺼번에 쏟아냅니다. 얼마 후, 맥은 제풀에 지쳐 벽에 기댄 채 죽음보다 깊은 잠에 빠져듭니다.

그렇게 얼마를 잔 후, 맥은 헛걸음했다고 후회하며 오두막을 뒤로 하고 길을 나섭니다. 15미터쯤 언덕을 올라갔는데, 황량한 겨울 산 풍경이 갑자기 따뜻한 봄날의 풍경으로 바뀝니다. 마치 마법에라도 걸린 듯 온 세상이 순식간에 변화됩니다. 실은, 그것은 꿈입니다. 꿈 속에서 그는 무엇에 홀린 듯이 오두막으로 다시 돌아갑니다. 그곳에서 맥은, 흑인 여자의 모습으로 나타난 성부 하나님 '엘루시아', 별로 잘 생겨 보이지 않는 유대 청년 '예수', 그리고 신비로운 동양 여인으로 나타난 성령 '사라유'를 만납니다. 그리고 2박 3일 동안 '셋이면서 하나요 하나이면서 셋인 하나님'과 함께 지냅니다. 실제로 맥은 몇 시간 동안 잠을 잔 것이고, 잠시 동안 아주 긴 꿈을 꾼 것입니다.

이 시간을 통해 맥은 '거대한 슬픔'을 치유받습니다. 이 만남과 대화가 그렇게 아름답고 감미로운 것만은 아니었습니다. 때로는 분노하고, 때로는 통곡하고, 때로는 후회하며, 때로는 의심합니다. 그러나 맥은 그토록 그리웠던 딸 미시가 하나님의 땅에서 행복하게 사는 모습을 보았고, 돌아가신 아버지가 자신에게 준 상처로 인해 괴로워하는 모습을 보고 용서합니다. 그러면서 맥은 '거대한 슬픔'이 사라진 것을 발견합니다. 하나님과의 만남과 사귐을 통해 상처를 치유받은 것입니다.

상처 치유에 대해 앞에서 말한 두 가지 방법은 어쩌면 준비 단계에 불과하다 할 수 있습니다. 용기를 내어 상처를 대면하고 보듬어 안고 씨름하는 것만으로 자동적으로 치유가 일어나지 않습니다. 신뢰하는 사람에게 눈물 콧물 흘리며 자신의 상처를 내보인다고 해서 자동적으로 치유되지 않습니다. 그 모든 과정에 하나님의 은혜가 임해야 합니다. 사라유 즉 성령의 그 부드러운 손길이 우리 마음을 만질 때, 비로소 상처는 아물기 시작합니다. 때로 치유는 순식간에 일어나기도 하지만, 더 많은 경우에는 서서히 완성됩니다. 몸에 난 상처는 하루에 1밀리미터씩 아문다고 하는데, 마음의 상처도 그렇게 천천히 아픕니다.

그리스도인이라는 이름을 달고 교회에 다닌다고 해서 누구나 치유를 경험하는 것은 아닙니다. 때로는 회심의 체험을 통해 상처를 치유받기도 하지만, 늘 그런 것은 아닙니다. 영적 체험이 꼭 상처 치유라는 결과를 만들어 내는 것은 아닙니다. 신앙 생활을 오래 하고 목사니 장로니 하는 직분을 얻었다 해도, 여전히 상처를 그대로 품고 살 수 있습니다. 사라유와 함께 우리의 마음밭을 지속적으로 갈고 닦지 않으면 상처는 그대로 남아 있게 됩니다.

얼마나 많은 신앙인들이 자신의 상처를 방치하고 그로 인해 가까운 사람들에게까지 상처를 다시 퍼뜨리고 있는지요! 그렇게 상처를 입은 사람들은, 자신에게 상처를 준 사람이 믿는 하나님을 믿을 수 없어 교회를 멀리합니다. 우리 자녀들 가운데 이런 아이들이 얼마나 많은지 모릅니다. 주일마다 교회 가라고 성화하는 부모가 말과 행실로 끊임없이 상처를 줍니다. 그런 아이들의 눈에, 부모의 신앙 혹은 부모가 믿는 하나님은 혐오스럽습니다. 우리가 신앙이라는 이름으로 또 다른 상처를 만들고 있지는 않은지 경계하지 않을 수 없습니다.

베드로의 치유 이야기

요한복음 21:15 이하에 나오는 예수님과 베드로의 만남 이야기는 '베드로의 치유 이야기'라고 해도 과언이 아닙니다. 베드로가 가야바의 법정에서 예수님을 세 번이나 부인했다는 이야기는 잘 알려져 있습니다. 한번 생각해 보시기 바랍니다. 그 일이 그에게 얼마나 큰 상처로 남았겠습니까? 목숨이 두려워서, 자신을 수제자로 여기고 아끼던 스승을 모른다고 부인했으니, 그것도 세 번이나 그랬으니, 그의 마음에 얼마나 큰 짐이 되었겠습니까? 그는 너무나 수치스러워 그 기억을 외면하고 회피하고 싶었을 것입니다. 그는 그 상처를 마음속 깊이 눌러 놓고, 다시 갈릴리 호수로 돌아가 고기나 잡아 먹으며 살려 했습니다(요 21:3).

갈릴리 어부의 삶으로 복귀하여 지내던 어느 날, 베드로는 동료들과 함께 밤새 고생했지만 물고기를 한 마리도 잡지 못합니다. 다음 날 아침, 예수님이 그들에게 다가오셔서 배 오른쪽에 그물을 던지라고 하십니다. 베드로와 동료들은 그 말씀에 따라 그물을 내렸고, 놀랍게도 그물이 찢어질 정도로 많은 물고기를 잡습니다. 그때, 베드로는 그분이 예수님이심을 깨닫습니다. 그들은 잡은 생선을 모두 끌어올리고, 뭍으로 올라와 예수님이 준비하신 아침 식사를 나눕니다.

식사를 마친 후, 예수님은 베드로를 따로 불러내십니다. 해변을 따라 함께 걸었는지도 모르겠습니다. 예수님은 베드로에게 물으십니다. "요한의 아들 시몬아, 네가 이 사람들보다 나를 더 사랑하느냐?" 이 질문은 헬라어로 "아가파스 메?"입니다. 즉 "네가 아가페 사랑으로 나를 사랑하느냐?"라는 질문입니다. "내가 너를 변함없이 사랑하듯, 너도 나를 그렇게 사랑하느냐?"라고 물으신 것입니다. 베드로는 속으로 뜨끔했을 것입니다. 그렇게 사랑하는 데 실패했기 때문입니다. 베드로는 "주님, 그렇습니다. 내가 주님을 사랑하는 줄을 주님께서 아십니다"라고 답합니다. 이 대답은 헬라어로 "필로 세"입니다. "제가 주님을 인간적인 사랑으로밖에는 사랑할 수 없음을 주님께서 아십니다"라는 뜻입니다.

이때 베드로의 마음에는 다시 기억하고 싶지 않았던 수치스러운 상처가 아프게 살아났을 것입니다. 그것을 아시는지 모르시는지, 예수님은 "내 어린 양 떼를 먹여라"라고 말씀하십니다. 그 말씀을 하실 때, 베드로의 어깨를 부드럽게 감싸안으셨을 것 같습니다. 그런 다음, 아무 말 없이 걸으시던 주님은 잠시 후 다시 물으십니다. 똑같은 질문을 하십니다. 베드로는 처음과 같이 대답합니다. 이번에는 상당히 불안해졌을 것입니다. 가야바 법정 바깥에서 통곡할 때 맛보았던 수치심과 절망의 쓴 맛이 입 안에 가득 차올랐을 것입니다. 그런데 예수님은 담담하게, 처음처럼, "내 양 떼를 쳐라"라고 당부하십니다.

베드로는 혼란스런 마음을 추스르지 못하고 주춤거리며 예수님의 뒤를 따라갔을 것입니다. 얼마 후, 예수님은 걸음을 멈추시고 돌아서서, 베드로의 떨리는 눈을 응시하며 말씀하십니다. "요한의 아들 시몬아, 네가 나를 사랑하느냐?" 이 질문은 헬라어로 "필레이스 메?"입니다. "그래, 네가 아가페적인 사랑을 할 수 없다면, 인간적인 사랑으로라도 나를 사랑하느냐?"라는 질문입니다. 여기서 베드로는 완전히 무장해제되고, 과거의 상처에 완전히 압도되었을 것입니다.

베드로가 피하고 싶었던 그 상처를 대면하게 하려는 것이 예수님의 의도였음에 분명합니다. 그가 예수님을 세 번 부인한 것처럼, 예수님은 그에게 세 번 사랑을 확인하십니다. 베드로는 떨리는 마음으로 대답합니다. 17절에 있는 베드로의 대답은 이런 뜻입니다. "주님, 제가 주님이 저를 사랑하시듯 사랑할 수 없는 것을 아시지 않습니까? 저는 다만 인간적인 사랑밖에는 할 수 없습니다. 그랬기에 저는 가야바 법정에서 비참하게 실패했습니다. 저는 그것밖에 되지 않는 인간입니다. 저를 불쌍히 여겨 주십시오."

예수님은 베드로의 상처를 아셨습니다. 그 상처를 그대로 두면 그 무게에 짓눌려 살아갈 것임을 아셨습니다. 그래서 그를 찾으셨고, 그로 하여금 상처를 대면하게 하셨고, 그 상처의 아픔을 내어놓게 하셨으며, 그리고 그 상처를 어루만져 치유해 주셨습니다. 이 대화를 통해 베드로의 상처가 그 잔뿌리까지 제거된 것은 아닐지 모릅니다. 하지만 맥이 그랬던 것처럼 베드로는 그의 마음 중심을 차지하고 있던, 납덩이 같은 그 무엇이 사라진 것을 경험했을 것입니다.

사랑으로 지어지다

'깨어진 세상'에서 '상처받은 사람들'과 함께 살아가면서 자신을 되는대로 내버려 두면, 상처가 나를 만들게 됩니다. 상처가 나를 만들면, 나의 생각과 말과 행동에 날카로운 칼날과 화살과 가시가 돋아나고, 그것으로 사랑하는 사람들에게 고통을 주게 됩니다. 우리는 그것을 원치 않습니다. 하나님은 우리를 그렇게 만들지 않으셨습니다. 그분은 우리가, 상처가 아니라 사랑에 의해 만들어지기를 원하셨습니다. 그렇기에 상처를 치유하는 것은 신앙의 핵심적인 과제입니다.

자신의 상처를 인식하는 사람들은 주님 앞에서 자신의 실패를, 실수를, 수치를, 분노를, 아픔을, 후회를 다시 대면해야 합니다. 그리고 내 상처 이야기를 진실하고 진지하게 들어줄 사람을 찾아야 합니다. 거룩한 우정을 만들어 가야 합니다. 친구와 함께 상처를 나누고 하나님의 치유의 손길을 함께 구해야 합니다. 그렇게 하여 위로부터 오는 은총을 입을 때, 영혼의 상처는 비로소 아물기 시작할 것입니다. 우리는 비로소 상처가 아니라 사랑에 의해 만들어질 것이며, 우리의 생각과 말과 행동이 변화될 것입니다.

주님,
저에게 용기를 주소서.
제 영혼의 오두막,
그 음험한 곳을 찾아갈 용기를 주소서.
그곳에서 아픔과 절망과 분노와 수치를
다시 대면하게 하소서.

영혼의 오두막에서 기다리시는 주님을 만나게 하시고
주님의 신비로운 손길에 의지하게 하소서.

오, 주님,
저에게 영혼의 친구를 주소서.
또 제가 누군가에게 영혼의 친구가 되게 하소서.
마음 깊은 비밀을 나누고
치유의 길을 함께 갈 동무를 주소서.
그리하여
저의 삶이
이 세상에 상처를 더하는 삶이 아니라
상처를 치유하고 사랑을 증폭시키는 데
사용되게 하소서.
아멘.

말씀 묵상
누가복음 22:54-62과 요한복음 21:15-17을 읽으십시오. 베드로의 상처와 그 치유에 대해 묵상하십시오.

토론 질문
당신의 자아에는 상처와 사랑 중 어느 것이 더 많은 영향을 준 것 같습니까?

하나님의 은혜로 상처를 치유받은 경험이 있다면 나누어 봅시다.

기도

2장을 읽으면서 떠오른 기도 제목을 나누고 함께 기도하십시오. ("저는 제 상처를 대면할 용기를 구합니다." "저는 하나님께 더욱 의지하기를 원합니다.") 일주일 동안 서로를 위해 기도해 주기를 약속하십시오.

3장
아픔이 아픔을 치유한다

얼마 전, 어느 교우께서 예배 후에 찾아오셔서 기도를 부탁하셨습니다. 최근에 상처에 대해 깊이 생각해 보게 되었는데, 자신이 다른 사람에게 받은 상처만 생각했을 뿐, 자신이 다른 사람에게 준 상처에 대해서는 별로 생각하지 않고 살아 왔음을 문득 깨달았답니다. 자신을 피해자라고만 생각했지, 가해자라고는 생각해 본 적이 별로 없다는 것이었습니다. 그래서 '내가 누구에게 무슨 상처를 주었나?' 하고 곰곰이 따져 보았답니다.

그 교우님은 자신이 받은 상처도 많지만, 자신이 다른 사람에게 준 상처도 그에 못지않다는 것을 깨달았습니다. 특히, 아이들과 남편에게 말과 행동으로 많은 상처를 주었음을 부정할 수 없었답니다. 그분은 이를 악물고 아내와 엄마로서 본분을 다해 왔습니다. 하지만 '가족을 진실하게 사랑했는가?'라는 질문에 대해서는 흔쾌히 대답하기가 어려웠습니다. 남편에게 '미고사'(미안해요. 고마워요. 사랑해요)를 말해 본 기억이 별로 없었습니다. 뿐만 아니라, 알게 모르게 남편의 자존

심에 수없이 상처를 냈음을 알게 되었습니다. 그날 저녁, 그 자매님은 남편에게 이렇게 고백했습니다. "여보, 그동안 미안했어요. 내가 얼마나 잘 할지, 장담은 못 하겠어요. 하지만 앞으로 최선을 다해 당신을 진실하게 사랑할게요."

저는 앞 장에서, 내 영혼 깊은 곳에 자리잡아 내 마음을 은밀하게 지배하고 이성적인 판단을 교란시키는 상처들을 어떻게 치유할 수 있는지에 대해 말씀을 나누었습니다. 이 장에서는, 다른 사람의 상처를 다루는 문제를 생각해 보고자 합니다. 우리의 본성은 앞에서 소개한 자매님처럼, 내가 받은 상처를 먼저 생각하기 마련입니다. 하지만 나는 피해자인 동시에 가해자이기도 하다는 사실을 인정해야 합니다.

나도 가해자다

알고 보면, 우리는 곁에 있는 사람들에게 얼마나 많은 상처를 주고 살아가는지요! 얼마나 많은 어린아이들이 초보 부모의 실수로 인해 상처를 입는지 모릅니다. 저 또한 아이들을 키우면서 많은 잘못을 했습니다. 사소한 일들조차 지금 생각하면 마음이 아픕니다. 유학생 시절, 일회용 기저귀값이 부담스러워 그때그때 갈아 주지 못했습니다. 기저귀가 좀 젖어 있어도 괜찮아 보이면 두 번, 세 번 쌀 때까지 기다렸습니다. 나중에 아동 심리학에 관한 책을 읽고, 제때 기저귀를 갈아 주지 않으면 아이의 성격 형성에 부정적인 영향을 준다는 것을 알게 되었습니다. 그것을 알고 얼마나 미안했는지요! 잠버릇 가르친다고 제풀에 지쳐서 잠들 때까지 침대에 홀로 내버려 두었던 것도 미안하고, 아들이니 강하게 키워야 한다고 호되게 야단 친 것도 미안합니다. 돌아보니, 애비가 한 일이 상처 준 일 투성이인 것 같습니다.

초등학생 혹은 중고등학생 자녀들을 데리고 이민 오신 분들이 자주 그러십니다. "아, 아이들은 금방 적응하고, 영어도 금방 트입니다. 어른인 우리가 문제지요!" 저도 그런 줄 알았습니다. 하지만 이민 교회 목회를 하면서 관찰해 보니 그렇지 않습니다. 아이들이 겉으로는 적응을 잘 하는 것 같지만, 속으로는 심하게 앓고 있습니다. 더구나, 아이들은 어른보다 마음의 힘이 부족해서, 상처를 입으면 어른보다 더 오래갑니다. 그러므로 뿌리가 잘려서 새로운 토양에 심겨진 아이들은 완전히 정착할 때까지, '자는 아이'도 '다시 보아야' 합니다.

결손 가정이나 이민자들의 가정에서는 아이가 어릴 때부터 어른 노릇을 하는 경우가 많습니다. 이민 가정의 부모는 영어가 서툰 상태에서 생활 전선에 뛰어듭니다. 두세 곳의 일자리를 뛰면서 정착하기 위해 노력합니다. 그러다 보니, 자녀들 가운데 착실한 아이가 가장의 역할을 떠맡습니다. 영어로 오는 전화와 편지를 부모 대신 처리합니다. 부모가 가게에서 일하는 동안 집안 살림을 챙깁니다. 부모들은 그 아이를 대견하게 여기고 자랑스럽게 생각합니다만, 그 짐이 아이에게 얼마나 무거울지는 헤아리지 못합니다. 또한 아이가 가장 역할을 하느라고 건너뛴 청소년기의 공백이 상실로 남을 수도 있음을 생각하지 못합니다. 그 상처가 청년기에 혹은 중장년이 되어 모습을 드러내면 그로 인해 많은 사람들이 아픔을 겪어야 합니다.

이런 생각을 하다 보니, 요즈음 다 큰 자식들을 보는 제 마음이 얼마나 미안한지 모릅니다. 요즈음, 두 아이에 대한 저희 부부의 주요 과제는 상처의 치유입니다. 상처 주는 것인 줄도 모르고 준 상처, 알면서도 감정을 이기지 못해 준 상처, 혹은 자라는 과정에서 우리 아닌 다른 사람들에게 받은 상처를 치유하는 데 관심을 두고 있습니다. 그래야만 그들이 결혼을 하더라도 배우자와 행복할 것이고, 사회 생활을 하더라도 다른 사람에게 기쁨을 주는 사람이 될 것이기 때문입니다.

너무 늦었다고 느낄 때

때로는 내가 준 상처가 너무 깊고 아파서 그가 쏟아내는 쓴물을 한없이 받아먹어야 하는 경우도 있습니다. 자녀에게, 배우자에게, 부모에게 한 일이 얼마나 큰 상처가 되었는지를 너무 늦게 깨달았을 때, 어디서부터 어떻게 손을 대야 할지 알 수가 없습니다. 그렇다면, 상처가 치유되고 회복되기까지 거기서 나오는 피고름을 한없이 감당해 내야 합니다.

쓴물을 한없이 받아먹는다는 것이 무슨 뜻일까요? 저희 교회 한 교우의 이야기입니다. 그분은 아들을 낳고 얼마 지나지 않아 남편과 함께 이민을 왔습니다. 이민 생활에 빨리 적응하기 위해 아이를 친정에 맡기고 부부만 먼저 왔습니다. 그리고 두 부부는 열심히 살았습니다. 이제 아들을 데려올 만큼 자리를 잡았다 싶었을 때, 그는 이미 열 살이 되어 있었습니다. 늦게야 부모 품에 들어온 그 아이는 청소년기에 들어서면서 방황을 시작했고, 자주 부모의 마음을 찢어 놓곤 했습니다. 이 부부는 그때마다 아들을 다그치고 혼내고 싸웠습니다. 그리고 자신의 신세를 한탄하였습니다.

그러던 중, 이 부부가 우리 교회에 나오면서 믿음을 가지게 되었습니다. 믿음이 자라면서 새로운 눈으로 자신의 주변을 보기 시작합니다. 아들의 문제도 새롭게 보입니다. 10년 동안 부모와 떨어져 살다가 어린 나이에 미국 땅에 와서 적응하느라 생긴 상처가 그 아들을 그렇게 만들었음을 깨닫습니다. 이전에는 아들의 행동이 밉기만 했는데, 그의 상처를 보기 시작하니 죄스럽고 미안해집니다. 그래서 결심을 합니다. "아들에게 준 상처가 다 치료될 때까지 나는 그 쓴물을 다 마시겠다"고 말입니다. 그후로는 아들이 마음을 찢어 놓아도 화를 내거나 싸우지 않습니다. 자신이 아픔을 당하는 만큼 아들이 치유된다고 믿고, 아이가 흘리는 쓴물을 받아내고 아이가 쏘는 화살을 고스란히 맞아 줍니다.

그 교우님의 말씀은 제게 큰 감동이 되었습니다. "목사님, 제가 그 아이에게 10년 동안 상처를 주었는데, 그 상처가 치유되려면 그 두 배는 족히 걸리지 않겠어요? 사실, 지금까지 아이가 변화된 것만 보아도 놀라워요. 아직 멀었지만 말입니다." 이 말씀을 들으면서, 지금은 비록 힘들겠지만, 그런 마음만 있으면, 그 아들에게도, 그 부모에게도 희망이 있다고 생각했습니다.

나의 아내, 남편, 자식, 부모, 며느리, 사위, 시부모님, 장인 장모를 생각해 봅시다. 나로 인해 내 곁에 있는 사람이 숨도 제대로 쉬지 못하고 휘청거리고 있는데, 나는 내가 받은 상처만 생각하고 있지는 않은지요? 잠시 눈을 돌려, 내 곁에 있는 사람의 마음을 헤아려 봅시다. 내가 준 상처에 대해 내가 무엇을 할 수 있는지 생각해 봅시다. 진실한 고백과 반성 그리고 사과로 충분할 수도 있습니다. 그러나 얼마나 걸릴지 모를 긴 시간 동안 속이 시커멓게 되도록 쓴물을 받아내야 할지도 모릅니다.

아픔이 아픔을 치유한다

누군가를 진실로 사랑한다면, 굳이 내가 준 상처가 아니더라도 그 사람의 상처를 치유하기 위해 아픔을 감당할 수 있을 것입니다. 아픔은 아픔으로써만 치유됩니다.

아픔은 아픔으로써만 치유된다는 말을 생각해 보겠습니다. 상처를 혼자서만 마음속에 품고 있으면, 그 아픔은 내 영혼을 괴롭히고 다른 사람을 괴롭힙니다. 내가 내 상처를 다른 사람에게 전가시키면, 그 사람이 나 대신 고통을 당합니다. 아픔이 이동하는 것이지 사라지는 것이 아닙니다. 그런데 나를 사랑하는 누군가가 내 아픔을 끌어안고 그 쓴물을 빨아들이면, 아픔은 이동할 뿐 아니라 변모합니다. 산소 하나와 수소 둘이 합해지면 물(H_2O)이 되듯, 그 '아픔'은 '사랑'과 결합하여 성숙한 열매로 변모합니다. 영적인 화학 반응이 일어나는 겁니다.

그것이 영적인 능력이며 신비입니다. 테레사 수녀가 한 말이 기억납니다. "저는 하나의 역설을 발견했습니다. 즉, 아픔을 느끼기까지 사랑하면, 아픔은 사라지고 사랑만 남는다는 진실 말입니다."

우리가 이 영적인 신비를 믿고 그렇게 사랑할 수 있다면 얼마나 좋을까요? 내 사랑하는 사람을 위해 속이 시커멓게 되도록 아픔을 감당하는 것이야말로 가장 예수 그리스도를 닮은 모습이 아닐까요? 때로는 내 아내 혹은 내 남편이 오래된 상처 때문에 견디기 힘든 아픔을 줄 수 있습니다. 견디기가 너무 힘들면, 차라리 갈라서는 것이 나아 보일 수 있습니다만, 예수 그리스도의 십자가 능력을 힘입는다면 다른 길이 열립니다. 그것은 주님이 주시는 능력으로 그 아픔을 견디고 그 상처의 피고름을 받아내며 치유를 돕는 길입니다. 말처럼 쉬운 일이 아님을 저도 압니다. 하지만 그것이 더 복된 선택임을 간증할 만한 사람들이 적지 않습니다.

「오두막」의 저자 폴 영의 아내 킴벌리가 그 예입니다. 어느 날 그녀는 남편을 만나러 그의 사무실에 갔다가 무심코 그의 컴퓨터 모니터를 보게 됩니다. 모니터 화면에는 한 통의 이메일이 활짝 열려 있었습니다. 그런데 바로 그것은 자신의 가장 친한 친구가 보낸 편지였습니다. 킴은 피가 거꾸로 솟아오르는 것을 느낍니다. 남편이 자신의 가장 친한 친구와 아주 깊은 관계에 빠져 있었던 것입니다.

킴벌리는 분노하고 절망하고 통곡합니다. 뒤늦게 이 사실을 안 폴 영은 아내에게 달려와 손이 발이 되도록 빌었지만, 아내의 분노를 풀

길이 없었습니다. 폴은 그동안 은폐와 거짓말로 지탱해 온 자신의 삶을 포기하는 수밖에 없었습니다. 그는 멕시코의 어느 도시로 날아가 모텔을 잡고 다량의 수면제를 사 먹고 자살할 계획을 세웁니다. 그 위기의 순간에 한 친구가 폴에게 말합니다. "씨앗 하나만큼의 희망만 있다면 살아남아 그 씨앗을 키워 보게." 그래서 전문가를 만나 상담 치료를 시작했고, 아내에게도 자신의 숨겨진 상처를 털어놓기 시작합니다.

그는 아내의 마음을 돌이킬 수 있으리라고 생각하지는 못했습니다. 그는 이것이 아내에 대한 참회의 과정이라고 생각했습니다. 아내 킴벌리는 처음에는 배신감으로 치를 떨었고, 남편의 얼굴을 보기도 싫었지만, 남편의 진심 앞에 서서히 마음을 엽니다. 그리고 마침내 남편의 치유를 위해 쓴물을 받아내기 시작합니다. 그렇게 하여 11년 만에 폴은 하나님의 은혜와 아내의 인내 그리고 자신의 꾸준한 노력을 통해 상처에서 치유를 받았고, 또 다른 이들의 치유를 위해 이 소설을 쓰게 되었습니다.

만일 킴벌리가 배신감과 분노와 절망에 압도되어 그대로 결혼을 끝냈다면 어떻게 되었을까요? 폴 영은 지금도 비관 속에서 하루하루를 낙오자로 살아갈 것이며, 킴은 우울의 늪 속에서 힘겹게 살고 있을지도 모릅니다. 소설 「오두막」을 통해 치유를 경험하고 신앙에 새로운 눈을 뜨게 되었다는, 인터넷에 올라와 있는 수많은 독자평들도 존재하지 않았을 것입니다.

우리의 아픔을 감당하신 예수님

학자들은 이사야의 예언 안에 네 개의 '종의 노래'가 있다고 봅니다(42:1-4; 49:1-6; 50:4-9; 52:13-53:12). 그중 이사야 53장은 네 번째 노래입니다. 예수님은 자신이 바로 이 종의 사명을 부여받았다고 믿으셨습니다. 이 노래의 예언대로 그분은 묵묵히 고난의 길을 걸어가셨습니다. 당시 유대인들은 메시아가 고난을 당하고 십자가에 달려 죽을 것이라고는 아무도 상상하지 못했습니다. 하지만 예수님은 당신의 사명의 핵심에 고난이 있음을 아셨습니다. 이 세상이 당하고 있는 아픔은 아픔으로써만 치유될 수 있음을 그분도 아셨기 때문입니다.

공생애 기간 동안 예수님은 아픈 사람들을 찾아다니셨습니다. 몸이 아픈 사람들을 고쳐 주시고, 마음이 아픈 사람들을 치유해 주셨으며, 영적으로 아픈 사람들을 온전케 하시고, 사회적으로 아픈 사람들을 회복시키셨습니다. 예수님에게 강력한 치유의 능력이 있어서, 지나가는 아픈 사람들을 툭툭 쳐서 고쳐 주신 것이 아닙니다. 그분은 다른 사람의 아픔에 공감하고 그것과 씨름하고 기도하시며 그들의 아픔을 빨아들이셨습니다. 저녁이 되면 그분의 심신은 지쳤고, 그래서 저녁이나 새벽이면 홀로 기도에 전념하셨습니다.

마침내, 예수님은 십자가에 달려 죽게 될 미래를 내다보시고, 십자가의 아픔을 통해 인류의 아픔을 치유할 수 있다고 믿으셨습니다. 네 번째 고난의 종의 노래에서 내다본 그 치유의 사건이 십자가 위에서 이루어질 것이라고 보셨습니다. 이사야는 이렇게 예언했습니다.

그가 찔린 것은

우리의 허물 때문이고,

그가 상처를 받은 것은

우리의 악함 때문이다.

그가 징계를 받음으로써

우리가 평화를 누리고,

그가 매를 맞음으로써

우리의 병이 나았다.

우리는 모두 양처럼 길을 잃고,

각기 제 갈 길로 흩어졌으나,

주님께서 우리 모두의 죄악을

그에게 지우셨다. (5-6절)

예수님은 자신이 십자가 위에서 받는 찔림과 상처와 징계와 매로써 사람들의 상처와 아픔을 해결할 수 있다고 믿으셨습니다. 성부 하나님이 그 길로 당신을 부르셨다고 믿으시고, 십자가의 길, 그 아픔의 길을 묵묵히 걸어가셨습니다. 이 땅의 모든 상처난 영혼들을 사랑하시어 그 아픔을 한 방울도 남김없이 들이키셨습니다. 그 아픔은 그분의 사랑과 결합하여 그분의 기쁨이 되고 성부 하나님의 기쁨이 되었습니다. 우리가 그 십자가 앞에 머리 숙여, "주님, 제 상처와 아픔을 내어놓습니다. 저를 불쌍히 여겨 주소서"라고 기도할 때, 여전히 살아 있는 그 십자가는 우리의 아픔을 빨아들여 변모시킵니다.

그러므로 십자가를 아는 사람이라면, 그 은혜를 경험한 사람이라면, 이 같은 거룩한 꿈을 꾸어 볼 일입니다. 먼저 가족들에게 그 사랑을 실천하고, 나아가 가족의 경계를 넘어서 하나님이 나에게 붙여 주시는 사람들에게 그럴 수 있기를 꿈꾸고 기도할 일입니다. 누군가의 상처 치유를 위해, 겪지 않아도 될 아픔을 겪는 것이야말로 하나님이 나에게서 가장 보고 싶어 하시는 모습입니다. 선교가 무엇입니까? 목회가 무엇입니까? 사역이 무엇입니까? 그 모든 것의 근본은 다른 사람의 치유와 회복을 위해 내가 그 아픔을 대신 감당하는 것입니다.

어느 원로 목사님이 산책을 하다가 속이 시커멓게 썩은 고목나무를 보셨습니다. 그분은 그 앞에서 한참을 서 있더니, 그 나무에게 이렇게 말씀하시더랍니다. "너는 목회도 하지 않았는데 왜 그렇게 속이 썩어 버렸니?"

그렇습니다. 목회는 속 썩는 겁니다. 다른 사람의 치유를 위해 속이 썩고 있다면, 목사가 아니라도 목회를 하고 있는 것입니다. 가정에서 자녀를 기르는 것도, 직장에서 동료들을 품어 안는 것도, 교회에서 교사로 섬기는 것도, 모두 나를 위해 속 썩으신 하나님, 나를 위해 쓴물을 삼키신 예수 그리스도를 기억하고 그 흉내를 내는 것입니다. 그렇게 흉내를 내다 보면, 그것이 얼마나 귀한 일인지를 알게 됩니다. 내 속에서 사랑과 아픔이 결합하여 만들어지는 영적인 화학 반응을 경험하며 삶의 신비를 맛보게 됩니다. 이렇게 행할 때, 우리는 예수 그리스도를 닮아가는 것이며, 그런 우리를 보며 하나님은 기뻐하실 것입니다.

상처와 향기

산다는 것은 곧 상처를 주고받는 일입니다. 상처는 아픕니다. 치유되지 않은 상처는 우리의 성품과 기질에 영향을 미칩니다. 때로 상처는 우리 인생을 파산시킵니다. 자기 자신의 인생뿐 아니라, 다른 사람의 인생까지도 파괴시킵니다. 치유되지 않은 상처를 안고 사는 사람은 다른 사람을 긴장하게 하고 불편하게 합니다. 하지만, 잘 치유된 상처는 아름다우며, 깊은 상처로부터 나온 사람은 향기로운 사람이 됩니다. 시인 복효근은 '상처에 대하여'라는 시에서 이렇게 노래합니다.

오래 전 입은 누이의
화상은 아무래도 꽃을 닮아간다
젊은 날 내내 속썩어쌓더니
누이의 눈매에선
꽃 향기가 난다
요즈음 보니
모든 상처는 꽃을
꽃의 빛깔을 닮았다
하다못해 상처라면
아이들의 여드름마저도

초여름 고마리꽃을 닮았다

오래 피가 멎지 않던

상처일수록 꽃 향기가 곤다

오래된 누이의 화상을 보니 알겠다

향기가 배어나는 사람의 가슴속엔

커다란 상처 하나 있다는 것

잘 익은 상처에선

꽃 향기가 난다

속 깊은 상처로 인해 설익은 포도처럼 시금털털하던 분들이 향기로운 포도주 맛과 향을 내는 경지로 성숙해진 경우를 저는 많이 알고 있습니다. 향기가 배어나는 사람은 누구나 가슴 속에 잘 익은 상처 하나쯤은 있게 마련이라는 진리를, 저는 경험으로 믿습니다. 그래서 저는, 저 자신의 상처를 치유하고 제가 사랑하는 사람들의 상처를 치유하기 위해 헌신하고 희생하는 것이 얼마나 고귀한 일인지를 체득하고 있습니다.

　소설 「오두막」의 주인공 맥의 이야기는 저자인 폴 영의 이야기라 해도 과언이 아닙니다. 그 또한 '거대한 슬픔'을 안고 살았던 사람이기 때문입니다. 맥은 2박 3일 동안의 영적 체험을 통해 치유를 받습니다. 그리고 그는 전혀 다른 사람이 됩니다. 그 대목을 소설은 이렇게 묘사합니다.

또 맥은 어떤가? 그는 우리들과 마찬가지로 변화의 과정 속에 있는 인간이다. 나[맥의 친구 윌]는 대개 변화의 과정에 저항하는 편이지만 그는 기꺼이 받아들인다. 나는 그가 대부분의 사람들보다 더 많이 사랑하고 먼저 용서하며 더 빨리 용서를 구한다는 사실을 알게 되었다. 그의 변화된 모습은 그와 관계를 맺은 사람들 사이에서 상당한 파장을 일으켰고, 그중에는 이를 쉽게 받아들이지 못하는 사람도 많았다. 그래도 맥처럼 단순하고 즐겁게 삶을 영위하는 성인 남자를 본 적이 없다는 말은 꼭 해 두어야겠다. 좀더 정확히 말하자면, 그는 과거의 그라면 절대로 허용하지 않았을 모습의 아이가 되어 단순한 신뢰와 경이로움 안에 살게 되었다. 마치 보이지 않는 사랑의 손길을 가진 거장이 짠 풍요롭고 심오한 테피스트리를 안듯이, 심지어 그늘조차도 보이지 않는 인생의 어두운 부분을 끌어안게 되었다.*

상처입은 이여, 당신의 모든 상처가 하나하나 향기로운 꽃으로 변모되기를 기원합니다. 저와 당신의 눈가에서도 꽃 향기가 풍기기를 바랍니다. 이 소망을 마음에 품고, 예수 그리스도의 본을 받아 이웃의 상처를 치유하는 일에 더욱 힘쓸 수 있기를 바랍니다. 우리의 말과 행실이 이 세상에 상처를 더하는 것이 아니라 치유를 더하는 일에 사용되기를 간절히 기도합니다.

---

* 「오두막」, pp. 407-408.

주님,

주님의 삶이 그렇게 향기로운 이유가

주님의 상처에 있었습니다.

주님이 끌어안으신 상처로 인해

공포스러운 형틀인 십자가가

아름답게 변모하였습니다.

주님,

저희로 하여금

십자가에 기대어 우리의 상처를 치유하게 하소서.

저희도 주님처럼

이웃의 상처를 치유하고 회복하는 일을 위해

마음과 삶을 드리게 하소서.

그래서 우리 모두의 눈매에서

꽃 향기가 번지게 하소서.

아멘.

말씀 묵상

이사야 52:13-53:12을 읽습니다. 이 말씀의 빛에서 예수 그리스도의 십자가의 의미를 묵상하십시오.

토론 질문

잠시 눈을 감고 묵상하면서, 나로 인해 상처받은 사람들이 누구인지 생각해 보십시오. 그 사람의 상처 치유를 위해 내가 무엇을 할 수 있는지 생각해 보십시오.

다른 사람의 상처 치유를 위해 속 썩는 것이 목회라고 했습니다. 당신은 이제 누구에게 어떤 목회를 하시겠습니까?

기도

가정에서, 직장에서 혹은 교회에서 더 넓은 품으로 다른 사람들의 상처와 아픔을 끌어안을 수 있도록 서로를 위해 기도하십시오.

4장
용서가 세상을 바꾼다

앞에서 우리는 내가 받은 상처의 치유와 내가 준 상처의 치유에 대해 생각해 보았습니다. 그 과정에서 지금까지 의도적으로 언급하지 않은 주제가 있습니다. 바로 용서의 문제입니다. 상처는 관계 속에서 생겨납니다. 그래서 상처는 항상 분노와 연결되어 있습니다. 따라서 상처 치유에서 가장 중요한 요소 중 하나가 용서하고 용서받는 일입니다. 하지만 용서는 쉽지 않습니다. 이해하기도 쉽지 않고, 행하기도 쉽지 않습니다. 그래서 이 장에서 용서의 주제를 따로 다루려 합니다.

「오두막」의 주인공 맥이 품고 있던 '거대한 슬픔'은 다른 면으로 보면 그의 마음에 오랫동안 쌓여 온 깊은 분노입니다. 어릴 때 자신에게 고통을 준 아버지에 대한 분노, 어린 딸을 해친 살인마에 대한 분노, 딸을 지키지 못한 자신에 대한 분노, 그리고 그 모든 일이 일어나도록 내버려 둔 하나님에 대한 분노가 그의 마음속에 복잡하게 얽혀 있었습니다. 그 분노를 풀 수 있는 것은 오직 용서뿐입니다.

이렇게 본다면, 맥에게는 용서할 대상이 셋 있었습니다. 첫째, 그는 하나님을 용서해야 했습니다. 둘째, 그는 자기 자신을 용서해야 했습니다. 셋째, 그는 다른 사람들 즉 자신을 학대한 아버지와 자신의 딸을 해친 살인마를 용서해야 했습니다. 이 셋 중에 그 누구도 용서하기가 쉽지 않습니다. 아니, 용서할 마음이 없습니다. 맥은 분노와 앙심을 그대로 품고 살아가는 것이 잃어버린 딸에 대한 최소한의 도리이며, 자신에게 상처를 준 사람들을 응징하는 길이라고 생각했습니다. 그래서 용서할 생각도, 용서를 위한 노력도 하지 않았습니다. 아니, 그것이 가능하리라고는 생각하지도 못했습니다.

하지만 꿈 속에서 보낸 오두막 체험은 그가 전혀 원치 않았던 용서를 갈망하게 만들었고, 가능하지 않으리라고 생각했던 용서를 현실로 만들어 줍니다. 이 이야기는 우리로 하여금 자신의 분노를 다시 돌아보고 용서의 가능성에 대해 생각해 보도록 격려합니다. 우리 각자에게도 맥이 경험한 세 가지 용서를 선택해야 할 때가 오기 때문입니다. 살다 보면, 하나님에 대한 분노 때문에, 자기 자신에 대한 분노 때문에, 혹은 나에게 상처를 준 사람에 대한 분노 때문에 힘겨워지는 때가 옵니다. 그럴 때 우리는 어떻게 용서를 실천할 수 있을까요? 데스몬드 투투(Desmond Tutu) 주교의 말대로, "용서 없이는 희망도 없습니다."

하나님을 용서하기

첫째, 하나님에 대한 용서를 생각해 봅시다. 이 말씀에 놀랄 분도 계실 겁니다. "우리가 하나님께 용서를 받아야지, 우리가 하나님을 용서한다는 말이 어떻게 성립하는가?"라고 묻고 싶을 것입니다. 그렇습니다. 하나님은 용서받을 이유가 없습니다. 그분은 모든 일을 당신의 절대 진리에 따라 절대 사랑으로 행하시기 때문에 실수나 잘못이 없으십니다. 하지만 '우리가' 하나님을 용서할 이유는 있습니다. 때로 우리는 하나님께 분노를 느끼기 때문입니다.

"아니, 하나님께 분노한다는 것이 말이나 됩니까? 혹시 그런 감정이 들더라도 없애 버리려고 노력해야지요. 어떻게 감히 하나님께 화를 냅니까?" 믿음이 좋다는 사람들도 이렇게 생각하는 경향이 있습니다. 또 교회에서 그렇게 가르치는 면도 있습니다. 하지만 이러한 교리적 신앙은 비정한 악의 현실 앞에서 무참하게 무너져 버립니다. 심각한 악의 현실을 직접적으로 대면할 때, 우리는 하나님을 향한 섭섭함이 스멀스멀 올라오는 것을 느낍니다. 더군다나 맥과 같은 입장이라면 더더욱 그렇습니다. 인간이라면 자연스럽고 당연한 일입니다.

성경을 보면 억울하고 부당한 일을 당하여 하나님께 분노를 퍼붓는 장면이 적지 않습니다. 대표적인 예가 예레미야입니다. 그는 하나님의 처사에 얼마나 화가 났던지, "주님, 주님께서 나를 속이셨으므로, 내가 주님께 속았습니다"(렘 20:7)라는 망발을 서슴지 않습니다. 요나서를, 시편을, 그리고 욥기를 읽어 보시기 바랍니다. 수많은 '거룩한 사람들'이 하나님의 멱살이라도 잡을 듯이 대들며 화를 냈습니다.

하나님은 그 분노를 가만히 지켜보십니다. 때가 이르면 당신의 뜻을 드러내시지만, 그 전까지는 그저 지켜보십니다. 마치 자애로운 어머니가 그러듯, 하나님은 분노한 사람들을 찾아다니며 다독이고 어루만져 주십니다. 얼토당토않은 화풀이에도 하나님은 참으십니다. 분노가 잦아들기를 기다리십니다. 예수님도 그런 하나님을 전하셨습니다. 그 유명한 '탕자의 비유'(눅 15:11-32)에서 아버지는 분노한 큰 아들을 달래기 위해 노심초사합니다. 그것이 인간의 분노에 대한 하나님의 처사입니다.

이렇게 본다면, 하나님은 당신께 분노한 사람에게 이렇게 말씀하시는 듯합니다. "괜찮다. 내게 화를 내도 괜찮다. 그렇게 하여 너의 분노가 풀린다면, 마음껏 화를 내거라. 나에게 분노를 쏟아부어도 안전하다. 그러니 걱정 말고 네 화를 쏟아라."

그러므로 하나님이 섭섭하고 야속하고 원망스러울 때, 그런 감정을 이상하게 생각하지 마시기 바랍니다. "내가 이렇게 믿음이 없었나?"라면서 놀라지 마시기 바랍니다. 그 감정을 인정하고 하나님 앞에 내어놓으십시오. 「오두막」의 맥처럼, 그리고 욥처럼, 하나님 앞에서 정직한 분노를 쏟아내 보십시오. 그래야만 하나님을 용서할 수 있습니다. 실은, 그것은 용서가 아닙니다. 하나님에 대한 새로운 눈을 뜨고 분노를 스스로 내려놓는 것입니다.

그 분노를 외면하거나 억누르면, 하나님과 나의 관계는 죽어 버립니다. 기도가 막히고, 찬송이 껍데기가 됩니다. 예배를 드리지만 형식일 뿐입니다. 맥이 오두막 체험 이전에 하나님에 대해 가지고 있던 감정이 바로 그러했습니다. 그는 아내와 함께 주일마다 교회에 나갔습니다. 그는 여전히 식사 때마다 기도하고, 아이들을 위해 기도해 주었습니다. 하지만 모두 마음이 없는 행동이었습니다. 분노가 하나님과 그의 사이를 가로막고 있었습니다. 인정받지 못한 분노, 적절하게 표출되지 못한 분노, 그리고 해소되지 않은 분노는 관계를 죽입니다.

자신을 용서하기

둘째, 우리 자신에 대한 용서를 생각해 봅시다. 때로 우리는 주변에서 일어난 일에 대해 자기 자신을 정죄하고, 심지어는 저주하기까지 합니다. 하나님도 뭐라 하지 않으시고, 이 세상 그 누구도 탓하지 않는데, 혼자서 스스로를 죄인으로 규정하고 벌을 주는 것입니다.

소설 「오두막」에서 제 마음을 가장 아릿하게 만드는 인물은 맥의 넷째 딸 케이트입니다. 미시가 실종된 후, 케이트는 스스로 껍질을 만들고 그 안에 숨어 버립니다. 부모는 속이 탑니다. 하지만 아무리 노력해도 케이트는 반응하지 않습니다. 맥이, 아내와 함께 친척집에 간 케이트가 걱정이 되어 전화로 안부를 묻습니다. 낸은 이렇게 대답합니다.

> 맥, 나도 좀 알고 싶어. 아무리 말을 걸어도 그애는 바위처럼 단단해서 내 말을 전혀 듣지 않아. 식구들이랑 같이 있을 때면 껍데기를 벗고 나오는 것 같다가도 어느새 다시 쏙 들어가고 말아. 어떻게 해야 할지 모르겠어. 그애에게 다가가는 방법을 찾게 해 달라고 파파에게 계속 기도했지만…내 기도를 듣지 않으시는 것 같아.*

4. 용서가 세상을 바꾼다

꿈 속에서 경험한 오두막 대화 중에 하나님은 맥에게 그 이유를 알려 주십니다. 케이트는 자기 때문에 동생 미시가 유괴되었다고 생각하고 스스로 벌을 주고 있었던 것입니다. 카누를 타고 놀던 케이트가 아빠를 향해 소리를 쳤습니다. 맥은 손을 흔들어 주었고, 케이트도 노를 치켜들어 응답했습니다. 그 순간 카누가 뒤집혔습니다. 맥은 물에 빠진 두 아이를 건지기 위해 물에 뛰어들었고, 그 사이에 미시가 납치되었습니다. 케이트로서는 자신의 잘못이라고 생각하고도 남습니다.

나중에 현실로 돌아온 맥은 케이트를 따로 불러 미시의 일에 대해 이야기를 나눕니다. 맥은 부드럽게 말을 건넵니다. "케이트, 그건 네 잘못이 아니란다." 케이트는 깜짝 놀라 긴장합니다. 맥이 다시 말합니다. "딸아, 그 일에 대해 아무도 너를 비난하지 않는단다." 그러자 케이트가 눈물을 흘리며 대답합니다. "언제나 내 잘못이라고 생각한 걸요. 아빠와 엄마가 날 원망한다고 생각했고요. 나는 그럴 의도가 아니었는데…." 맥은 딸을 위로하며 말합니다. "케이트, 그 일을 의도한 사람은 아무도 없었어. 그 사건은 우연히 일어난 거고 우리는 그 사건을 버텨내고 살아가는 법을 배울 거야. 우리 모두 함께. 알겠지?"**

케이트처럼, 어떤 사건을 두고 자신을 징계하고 매일 그 징벌을 짊어지고 살아가는 사람들이 많습니다. 실은 맥도 어느 정도 자신을 정

---

* 「오두막」, p. 30.
** 「오두막」, pp. 401-402.

죄하고 있었습니다. 미시를 지키지 못한 것이 자신의 책임이라고 믿었고, 그래서 스스로를 징벌하고 있었습니다. 그러나 그는 하나님과의 대화를 통해 그 죄책감에서 벗어났고, 케이트의 마음에서도 그 짐을 벗겨 주었습니다. 이 이야기를 통해 저자는 독자들에게 아주 분명한 메시지를 던집니다. 자기 자신을 용서하라고 말입니다. 그 어떤 일에 대해서도 스스로를 징계하지 말라고 말입니다.

몇 년 전, 저희 교우 한 분이 아침에 다른 교우와 테니스를 치다가 심장마비로 세상을 떠나셨습니다. 그 일로, 함께 테니스를 친 분은 심한 죄책감에 빠지게 되었습니다. 그 전날 밤, 자신이 전화를 하여 테니스를 치자고 했기 때문입니다. 그분은 "만일 내가 불러내지 않았다면 그 사고를 피했을 것이 아닌가? 그렇다면 내가 친구를 죽게 한 것이 아닌가?"라는 질문에 시달렸습니다. 그분은 심한 죄책감에 짓눌린 채 장례식을 치렀고, 그후에도 무거운 마음을 어찌지 못하였습니다.

그런데 얼마 후, 세상을 떠난 그 친구의 또다른 오랜 친구와 우연한 자리에서 대화를 하게 되었습니다. 대화를 나누는 중에 세상을 떠난 그 친구의 이야기가 나왔고 그분은 자신의 마음에 있는 죄책감을 고백하기에 이르렀습니다. 그런데 그 고백을 들은 분이 이렇게 대답했습니다. "아니, 당신이 그렇게 생각하면, 나 같은 사람은 어쩌란 말입니까? 저는 의사인데, 내 환자들이 세상을 떠나면 다 내 잘못 때문에 그렇다고 생각해야 합니까? 그러면, 저는 어떻게 살라는 말입니까? 그런 거 아닙니다." 그 순간, 그분은 세상을 떠난 친구가 그 의사 친구를 보내어 자신을 위로해 주는 것처럼 느꼈습니다. 생전에 그는 늘 그렇게 친구들을 위로하고 품어 안아 주는 사람이었기 때문입니다. 그렇다고 해서 죄책감이 한순간에 사라진 것은 아니었지만, 그때부터 서서히 스스로를 용서하기 시작할 수 있었습니다.

혹시 당신도 이와 같은 마음의 짐은 없으신지요? 나만이 아는 자신의 잘못에 대해 스스로 징벌하며 살고 계시지는 않은지요? 세상에서 일어나는 비극을 다 설명할 수는 없지만, 내가 적극적인 의도를 가지고 행한 죄가 아니라면, 자신을 용서하고 풀어 주어야 합니다. 케이트처럼 스스로 감옥을 짓고 그 안에 자신을 감금시켜서는 안 됩니다. 그것은 그 누구도 바라는 일이 아닙니다.

타인을 용서하기

셋째, 나에게 상처를 준 사람들에 대한 용서를 생각해 봅시다. 상처는 아픕니다. 그리고 그 아픔이 부당하다고 느껴질 때 분노가 일어납니다. 분노가 쌓이면 마치 몸에 난 종기처럼 응어리가 됩니다. 그 응어리가 마음에 자리잡으면 영적인 체증이 생깁니다. 이것은 우리 마음과 영혼을 짓누를 뿐 아니라 여러 가지 몸의 질환을 만들어 냅니다. 가슴이 답답하고, 아무 이유 없이 열이 오르며, 명치에 덩어리가 있는 것처럼 느낍니다. 엑스레이를 찍고, CT 촬영을 해 봐야 아무것도 없습니다.

어쩔 수 없이 상처를 주고받으며 살아가는 이 세상에서 우리는 이 분노의 감정을 해소할 길을 찾아야만 합니다. 바울 사도는 "모든 악독과 격정과 분노와 소란과 욕설은 모든 악의와 함께 내버리십시오"(엡 4:31)라고 권면합니다. 하지만 마음에 뭉쳐진 응어리는 말처럼 쉽게 풀리지 않습니다. 그 상처를 입힌 사람으로부터 사과를 받고 그 사람을 진실로 용서해야 풀어집니다.

그런데 용서란 참 어려운 일입니다. 나에게 상처를 준 사람은 그런 줄도 모르고 있을 때, 혹은 나에게 사과할 마음이 전혀 없어 보일 때, 분노는 더욱 커지고 용서의 길은 멀어집니다. 때로는, 나에게 상처를 준 사람이 사과를 하는데도 그것을 받아들이기가 힘듭니다. '나는 이렇게 아픈데, 너는 말 한 마디로 짐을 벗으려고 하느냐?'는 생각에 속이 뒤틀립니다. 때로는 상처가 너무 크기에 용서는 불가능하다고 여겨지는 경우도 있습니다.

「오두막」의 마지막 대목에서 맥은 하나님에게 이렇게 토로합니다.

> 파파, 나의 미시를 죽인 그 더러운 놈을 어떻게 용서할 수 있을까요? 오늘 그놈이 여기에 있다면 내가 어떻게 반응할지 모르겠어요. 옳지 않다는 것을 알지만 내가 당한 만큼 그놈에게 고스란히 돌려주고 싶어요. 정의를 이루지 못할 바엔 복수라도 하고 싶어요.*

용서는 어렵습니다. 불가능해 보입니다. 용서하기가 싫을 때도 있

---

*「오두막」, p. 368.

습니다. 그렇게 하려니 억울하고, 부당하게 느껴집니다. 나에게 상처를 준 만큼, 아니 그 이상 당하는 꼴을 보고 싶습니다. 법의 심판에 부칠 수 없을 때는 더욱 그렇습니다. 법의 심판에 부친다 해도, 내 마음에 받은 상처는 '내가' 갚아 주고 싶습니다. 다른 사람은 몰라도 나만큼은 냉엄한 심판대에서 내려오고 싶지 않습니다. 그것이 상처받은 사람의 심정입니다.

하지만, 나의 앙심과 증오와 원한을 통해 내가 벌하고 있는 사람은 정작 나에게 상처를 준 그 사람이 아니라 나 자신이라는 사실을 아십니까? 나의 원한과 증오심으로써 상처를 줄 수 있는 사람은 나 자신밖에 없음을 아십니까? 용서하는 것이 때로 죽기보다 힘들지만, 용서하지 않고 사는 것이 그보더 더 어렵다는 사실을 아십니까? 용서함으로써 자유함을 얻는 것은 나에게 상처를 준 그 사람이 아니라 나 자신이라는 사실을 아십니까? 「오두막」에서 파파는 맥에게 이렇게 말합니다. "용서란 너를 산 채로 먹어 없애는 힘으로부터 너 자신을 해방시키는 일이야. 또한 완전히 터놓고 사랑할 수 있는 너의 능력과 기쁨을 파괴하는 것으로부터 너 자신을 해방시키는 일이지."*

사건보다는 과정

하나님이 우리에게 용서를 기대하신다는 것은 분노하지도 말라는

---

* 「오두막」, p. 370.

뜻은 아닙니다. 분노는 하나님이 인간을 지으실 때 부여하신 건강한 감정입니다. 그것은 하나님의 성품이기도 합니다. 성경을 읽어 보십시오. 하나님은 인간의 죄에 대해 자주 분노하셨습니다. 십계명을 주시면서 하나님은 "질투하는 하나님"(출 20:5)으로 자신을 소개하십니다. 이 구절을 보고 하나님은 '속 좁은 분'이라고 오해하면 안 됩니다. 구약학자 월터 브루그만(Walter Brueggemann)은 '질투'라는 뜻의 히브리어가 하나님의 감정적인 측면을 가리키는 것이라고 해석합니다. 즉, 하나님은 냉혹한 관리자가 아니라, 감동하고 기뻐하며 실망하고 후회하며 분노하는, 인격적 존재라는 뜻입니다.

하나님도, 인간도 분노한다는 점에서는 동일합니다. 다만, 하나님의 분노는 언제나 정당하고 바르게 표출되지만, 인간의 분노는 자주 근거 없이 폭발하고 다른 사람에게 상처를 주는 방식으로 표출된다는 차이가 있습니다. 분노를 느끼는 것은 죄가 아니지만, 분노를 잘못 표출하면 '죄'가 됩니다. 분노를 마음속에 쌓아놓고 있으면 '병'이 됩니다. 그래서 바울 사도는 "화를 내더라도, 죄를 짓는 데까지 이르지 않도록 하십시오. 해가 지도록 노여움을 품고 있지 마십시오. 악마에게 틈을 주지 마십시오"(엡 4:26-27)라고 말하고 있습니다.

하지만 서두르지는 마시기 바랍니다. 설익은 용서는 안 하느니만 못할 수 있습니다. 용서는 서둘러서 될 일이 아닙니다. 용서하지 못하는 자신을 들볶지 말아야 합니다. 하나님도 이해하십니다. 하나님은 우리가 감정 없는 목석이 되기를 원치 않으십니다. 그분은 우리의 연약함을 아십니다. 용서가 우리에게 그렇게 쉬운 일이 아님을 아십니다. 그러니 용서하지 못한다 하여, 자신을 책망하지 마시기 바랍니다. 다만 내 마음의 분노가 다른 사람에게 상처를 내지 않도록 잘 다독이며 그 분노를 품어 익히시기 바랍니다.

분노를 품에 안고 그것이 해소되기를 열망하면 머지 않아 때가 이를 것입니다. 그때, 용서를 선택하고 결행하면 됩니다. 파파가 맥에게 말했듯이, 용서는 사건(event)이기보다는 과정(process)입니다. 용서를 열망하면서 분노를 품고 있으면 분노가 익습니다. 분노가 잘 익었을 때 용서를 선택하면, 그 응어리는 녹기 시작합니다. 때로는 금세 녹아 버리고, 때로는 오랜 시간이 걸립니다. 하지만 결국 그렇게 용서는 이루어집니다.

용서로의 초대

성경은 용서를 자주 명령형으로 표현합니다. 바울 사도의 권면이 그 예입니다. "서로 친절히 대하며, 불쌍히 여기며, 하나님께서 그리스도 안에서 여러분을 용서하신 것과 같이, 서로 용서하십시오"(엡 4:32). 용서가 얼마나 어려운 일인지를 아는 사람이라면, 이 명령이 좀 잔인하다고 느낄 것입니다. 예수님은 때로 우리 인간의 본성으로는 감당하기 어려운 명령을 주십니다. 그래서 어떤 학자는 "예수는 인간을 과대평가했다"라고 말하기도 했습니다.

과연 예수님이 인간을 과대평가하신 걸까요? 그분은 우리 인간의 죄성과 나약함을 아십니다. 용서를 어려워하는 우리의 심정을 충분히 이해하십니다. 하지만 동시에 그분은 우리가 그 수준에 머물러 있기를 원치 않으십니다. 우리가 그분의 용서와 사랑을 경험하여, 그 힘으로 우리의 한계를 넘어, 불가능해 보이는 용서를 행할 수 있기를 바라십니다. 그래서 용서를 명령하셨습니다. 그것은 억지로 하는 용서가 아니라 눈물이 배어 있는 진실한 용서입니다.

「오두막」의 후반부에서 사라유가 맥에게 이렇게 말합니다. "당신이 용서할 때마다 이 지구는 변해요. 당신이 팔을 뻗어서 누군가의 마음이나 삶을 어루만질 때마다 이 세계는 변해요. 눈에 드러나건 아니건 모든 친절과 봉사를 통해 내 목적은 이루어지고 어느 것도 예전 같지 않게 되죠."* 진실로 그렇습니다. 진정한 용서는 나를 변화시키고, 내 이웃을 변화시키며, 이 세상을 변화시킵니다.

에베소서 4:30에서 바울 사도는 아주 인상 깊은 표현을 사용합니다. "하나님의 성령을 슬프게 하지 마십시오." 우리가 이웃을 용서하지 못하고 쓴물을 내고 있는 동안, 하나님의 성령은 슬퍼하십니다. 우리가 스스로를 용서하지 못하고 징벌할 때, 하나님의 성령은 슬퍼하십니다. 우리가 하나님께 우리의 분노를 쏟아놓을 때, 하나님의 성령은 우리와 함께 아파하십니다. 우리를 사랑하시기 때문입니다. 성령은 그렇게 우리와 함께 씨름하며 아파하면서 치유의 길을 열어 주십

---

* 「오두막」, p. 386.

니다. 마침내, 우리가 하나님의 은총을 입어 용서를 선택할 때, 하나님의 성령은 환히 웃으십니다. 그리고 우리도 비로소 웃을 수 있습니다. 세상이, 아니 온 우주가 변하는 기적을 보게 됩니다. 이 기적을 맛보게 하기 위해 하나님은 용서의 길로 우리를 초청하십니다.

이 초청에 당신은 어떻게 응답하시겠습니까? 잠잠히 자신을 성찰하며 대답을 찾아 보시기 바랍니다.

"예, 제가 오늘 용서를 선택하겠습니다"라고 응답하시겠습니까? 그렇다면, 먼저 용서할 그 사람을 향해 마음으로 선언하십시오. "주 예수 그리스도의 은혜 안에서 내가 당신을 용서합니다." 파파가 맥에게 말하지 않았습니까? "내 자녀의 선언에는 힘이 있다"라고 말입니다.* 그러니 용서를 선택하고 선언하십시오. 그렇게 하여 마음속에 용서가 영글게 하십시오. 나에게 상처를 준 그 사람이 용서를 받아들일 준비가 되어 있으면, 용기를 내어 만나십시오. 그 사람이 준비되어 있지 않으면, 우선은 당신의 마음에서 매듭을 푸시기 바랍니다. 용서를 받아들이지 못하거나 자신이 상처를 준 사실조차 알지 못하는 것은 그 사람의 문제입니다.

"저는 아직 시간이 필요합니다. 지금 당장 용서할 준비가 되어 있지 않습니다"라고 답하시겠습니까? 괜찮습니다. 하나님도 그 마음을 이해하실 것입니다. 마음속의 분노를 품어 익히면서, 다른 사람에게

---

* 「오두막」, p. 374.

상처가 되지 않도록 잘 다독이시기 바랍니다. 그리고 용서를 열망하십시오. 마음을 변화시켜 달라고 하나님께 구하십시오. 그러다 보면 어느 날, 소나기 같은 은혜가, 혹은 이슬비 같은 은혜가 내릴 것입니다.

혹시, 오래도록 자기 자신을 정죄하고 징벌해 왔습니까? "네가 아니다. 네 책임이 아니다"라는 성령의 음성을 들으시기 바랍니다. 그동안 당신의 목을 조르고 있던 사람은 다름아닌 당신 자신이었습니다. 이제 그만 풀어 주시기 바랍니다.

혹시, 하나님께 섭섭함이나 분노를 느끼는 분이 계십니까? 그렇다면, 당신에게 들려주시는 성령의 음성을 들으십시오. "괜찮다. 내게 화를 내도 괜찮다. 그러니 그 마음을 내게 쏟아놓아라"라는 음성을 들으시기 바랍니다. 정직하게 분노하고 하나님을 대면하여 마침내 그분을 새롭게 만나는 은총을 경험하시기 바랍니다.

용서받을 수 없는 저희를 용서하신 주님,
저희가 받은 은혜와 사랑을 기억하게 하소서.
상처를 당하여
정직하게 분노하게 하시며,
지혜롭게 분노를 다스리게 하시고,
때를 따라 용서를 선택하게 하소서.
용서로써 나를 바꾸고
내 사랑하는 사람들을 바꾸며

4. 용서가 세상을 바꾼다

세상을 바꾸고
주님을 웃으시게 하도록
주님,
저희를 도우소서.
아멘.

말씀 묵상
에베소서 4:25-32을 읽습니다. 본문에 나오는 말씀 가운데 당신에게 가장 울림이 있는 말씀을 생각해 보십시오.

토론 질문
하나님께 섭섭하거나 분노했던 경험이 있습니까? 그런 감정을 어떻게 풀었습니까?

용서 안 하고 살기가 용서하기보다 더 어렵다는 진실을 경험한 적이 있습니까? 자신의 용서 경험을 나누어 봅시다.

기도
잠시 눈을 감고 묵상하면서, 당신에게 용서해야 할 사람이 있는지 찾아 보십시오. 장애물을 극복하고 용서를 이루어 갈 수 있도록 기도하십시오.

2부
독립은 없다

"제발, 버티고 계속 살아가라고 말하지 마세요.
이렇게 버티고 있잖아요?"

5장
악은 현실이다

「오두막」은 인간이 당할 수 있는 가장 참담한 악의 현실을 소재로 듭니다. 다섯 살짜리 여자 아이가 유괴범에게 성폭행 당한 후 희생된 사건은 전쟁의 한복판에서 볼 수 있는 것과 유사한 악의 현실입니다. 그 악의 현실 앞에서, 이 세상에 대해 그리고 인생에 대해 맥이 견지하고 있던 믿음은 와르르 무너져 버립니다. 만일 하나님이 계시다면, 그리고 그분이 사랑의 하나님이며, 무(無)로부터 온 우주를 창조하신 능력의 신이라면, 그 같은 비극은 일어나서는 안 되는 일이었습니다. 결론은 셋 중 하나입니다.

1. 그런 하나님은 존재하지 않는다.
2. 만일 하나님이 존재한다 해도 악을 막을 능력이 없다.
3. 막을 능력은 있다 해도 그럴 뜻이 없다.

이 셋 중에 어느 것이 정답이라 하더라도, 하나님을 믿을 이유는 없습니다. 그런 하나님이라면 믿어 보아야 소용이 없습니다. 그것이 맥의 결론이었습니다.

여러분은 어떻게 생각하십니까? 이런 문제에 대해 누군가 여러분에게 묻는다면, 여러분은 어떻게 설명하실 것입니까? 얼마 전, 아이티를 강타한 지진 피해에 대해, 하나님을 믿는 사람으로서 여러분은 어떻게 이해하고 있으며 또 어떻게 설명하십니까? 2009년 가을, 한국에서 일어난 '조두순 사건'은 그 참혹성으로 볼 때 '미시 사건'보다 더 심합니다. 짐승보다 못한 한 인간에게 아무런 방어 능력이 없는 어린 아이가 무참하게 능욕을 당할 때, 과연 사랑의 하나님은 어디에 계셨고 무엇을 하셨습니까? 하나님이 존재하지 않는다고 보는 것이 이런 일들을 설명하기에 더 나아 보이지 않습니까? 우리가 믿고 있는 '하나님 중심의 세계관'은 폐기되는 편이 낫지 않습니까?

악을 대하는 세 가지 태도

영국의 신학자 톰 라이트(Tom Wright)는 문명 국가에 사는 현대인들이 악의 문제에 대해 가지는 태도를 잘 분석하였습니다. 그의 분석에 의하면, 문명이 발달한 지역에 사는 현대인들은 대부분 낭만적인 '진화론적 낙관주의'에 물들어 있고, 문명의 이기를 통해 행복한 삶을 살 수 있다는 자신감에 차 있습니다. 그래서 톰 라이트에 의하면 현대인들은 악의 현실에 다음과 같이 반응합니다.

첫째, 현대인들은 악이 우리를 정면으로 공격하지 않는다면 악을 무시하는 경향이 있다. 악의 현실로부터 자신을 보호할 방책이 충분하다고 생각하기 때문이다.

둘째, 그래서 현대인들은 악이 자신을 개인적으로, 정면으로 공격할 때 깜짝 놀란다. 자신은 예외인 줄로 착각해 왔기 때문이다.

셋째, 그렇기 때문에 현대인들은 악의 현실 앞에서 위험하고 미숙한 방식으로 반응한다.*

악에 대해 위험하고 미숙하게 반응한다는 말은 무슨 뜻입니까? 톰 라이트는 현대인들이 악의 공격에 대해 보통 둘 중 하나의 방식으로 대응한다고 말합니다. 첫째, 악의 책임을 다른 사람에게 전가시켜 책임을 회피하려 합니다. 그것은 정부 책임이라고, 사회 책임이라고, 혹은 다른 사람 책임이라고 비난합니다. 둘째, 그 반대 극단으로서, 모든 책임을 자신의 것으로 받아들입니다. 이로 인해 우울증 같은 정신 질환이 전염병처럼 확산되고 있습니다. 매일 배달되는 신문을 조금만 주의 깊게 읽어 보면, 이 두 가지 증상을 쉽게 확인할 수 있습니다. 가끔 우리를 놀라게 하는 유명인들의 자살 뉴스는 우리 사회에 퍼지고 있는 현대판 전염병인 우울증의 심각성을 일깨워 줍니다.

믿는 사람들의 경우도 별로 다르지 않습니다. 하나님이 다스리시

---

* 「악의 문제와 하나님의 정의」(IVP), p. 23.

는 이 세상에서 일어나는 악의 현실에 대해, 많은 신앙인들이 너무도 기계적으로, 너무도 교리적으로, 그리고 너무도 쉽게 결론을 내립니다. 아이티에 일어난 지진이 부두교를 믿은 것에 대한 징벌이라고 단정합니다. 거대한 쓰나미로 동남아에 재난이 닥쳤을 때도 우상숭배에 대한 하나님의 징벌이라고 해석한 사람들이 있었습니다. 맥이 당한 것과 같은 개인적인 비극에 대해서도 성급하고 근거 없는 결론을 내리곤 합니다. 뭔가 숨겨진 죄가 있을 것이라고 판단하기도 하고, 모든 것이 하나님의 뜻이라고 말하기도 합니다. 그러나 알고 보면 얼마나 모순투성이의 해석인지요. 악의 현실을 겪고 있는 사람에게는 얼마나 잔인한 말인지요. 그리고 그런 말들이 기독교를 얼마나 해괴망측한 종교로 보이게 만드는지요!

위험하고 미숙한 반응

로저 올슨은 그의 책 「오두막에서 만난 하나님」에서, 아들을 잃은 어느 철학 교수에 대해 이야기합니다. 그 교수는, 아무리 참혹한 비극이라 하더라도 하나님의 계획과 섭리 하에서 일어난 것이라고 가르치는 교단에서 목사 안수를 받은 사람이었습니다. 그도 자신의 아들을 잃기 전까지는 그렇게 믿었고 또한 그렇게 가르쳤습니다. 하지만 그는 아들의 무덤 옆에서 다음과 같이 다짐했다고 합니다. "자식을 잃은 부모에게 '그건 하나님의 뜻이었습니다'라고 말하는 일은 앞으로 절대 없을 거야."*

제가 섬기는 교회 교우들 가운데 견디기 힘든 악의 현실을 경험한 분들이 많이 있습니다. 심각한 질병으로 인해, 이혼으로 인해, 사랑하는 사람과의 사별로 인해, 혹은 심각한 사고로 인해 어려움을 당하셨습니다. 그분들이 이구동성으로 하시는 말씀이 있습니다. 고통의 시기에 그분들을 가장 힘들게 했던 것은 믿는 사람들이 찾아와서 하는 말들이었다는 것입니다. 위로하려는 마음은 알겠는데, 그분들이 던지는 말들이 비수처럼 마음에 꽂혔다는 것입니다. 가뜩이나 마음이 복잡하고 아픈데, 앞에 앉혀 놓고 훈계를 하는 사람이 없나, 설교를 하는 사람이 없나, 심지어는 심문하듯 말하는 사람도 있다는 것입니다.

이 대목에서 생각나는 시가 있어서 여러분과 나눕니다. 리타 모랜(Rita Moran)이라는 분이 서른네 살의 딸을 잃고 쓴 시, "제발"(Please)입니다. 슬픔을 당한 사람들이 서로 위로와 용기를 나누도록 돕기 위해 만들어진 단체 "위로의 친구들"(The Compassionate Friends)의 홈페이지에 올라와 있는 것을 제가 우리말로 옮겨 보았습니다.

제발, 내게 슬픔을 완전히 극복했는지 묻지 말아 주세요.
나는 결코 완전히 극복할 수 없을 겁니다.

제발, 그가 지금 있는 곳이 여기보다 낫다고 말하지 마세요.

---

* 「오두막에서 만난 하나님」(살림), p. 34.

내 곁에 없는 것이 문제니까요.

제발, 더 이상 그가 아프지 않으니 됐다고 말하지 마세요.
왜 그애가 고통받아야 했는지도 아직 이해할 수 없답니다.

제발, 내가 느끼는 것을 당신도 알고 있다고는 말하지 마세요.
당신 또한 아이를 잃었다면 모를까요.

제발, 버티고 계속 살아가라고 말하지 마세요.
이렇게 버티고 있잖아요?

제발, 좀 나아졌느냐고 묻지 마세요.
상실의 아픔은 사라지는 것이 아니잖아요?

제발, 하나님은 실수를 범하지 않으신다고 말하지 마세요.
그분이 일부러 이렇게 하셨다는 뜻인가요?

제발, 적어도 그와 함께 34년을 살지 않았느냐고 위로하지 마세요.
당신은 당신의 아이가 몇 살에 죽어야 한다는 건가요?

제발, 신은 인간에게 견딜 만큼의 형벌만 내린다고 말하지 마세요.

인내력의 정도를 누가 결정하나요?

제발, 당신의 마음이 아프다고만 말해 주세요.
제발, 그 아이를 기억하고 있다고만 말해 주세요.
진실로 기억하고 있다면요.
제발, 내가 말하고 싶을 때 그 말을 들어 주세요.
그리고 제발, 내가 울어야 한다면 울도록 내버려 두세요.

우리가 악의 현실 앞에서 얼마나 위험하고 미숙하게 반응하는지를 잘 묘사한 시입니다. 생각해 보니, 저 또한 리타 모랜이 제발 하지 말아 달라고 부탁한 말들 가운데 많은 말들을 해 왔음을 깨닫습니다. 저의 생각 없는 말들이 얼마나 상처를 주었을지를 생각하니, 식은땀이 다 납니다. 이 시를 읽고 나니, 앞으로 그런 사람 앞에서 아무 말도 할 용기가 나지 않습니다.

실은, 그게 정답입니다. 아무 말도 하지 않는 것이 가장 지혜로운 처신입니다. 그것이 상실의 아픔을 당한 사람들을 겪어 본 분들이 주는 지혜입니다. 그것이 악의 현실을 경험한 분들이 눈물로 고백하는 말입니다.

단순명쾌한 답은 없다

악의 현실에 대해 건강하고 성숙하게 반응하려면 먼저 다음과 같은 두 가지를 마음 깊이 새겨야 합니다.

첫째, 일상 생활에서 경험하는 각각의 악의 문제에 대해 단순하고 명쾌한 정답을 기대하지 말아야 합니다. 그것을 알 수 있다고 생각하지도 말아야 하며, 알고 있다는 느낌이 들면 아주 조심해야 합니다.

악이 왜 생겨났으며, 이 세상을 통치하시는 하나님은 왜 악을 그대로 방치하시는지, 선하고 의로운 사람들이 왜 때로 악에 희생당하며, 악을 일삼는 자들이 왜 때로 번영하는지를 우리는 단순하고 명쾌하게 설명할 수 없습니다. 지난 2천 년 동안 수많은 종교적 천재들이 이 문제를 붙들고 씨름했습니다만, 아직도 해결되지 않았습니다. 그러므로 악의 문제에 관한 한, 우리 그리스도인들은 좀더 겸손해지고 말을 아껴야 합니다. 악의 문제를 붙들고 씨름하고 번민하되, 섣불리 어떤 판단이나 결론을 내지 않도록 조심해야 할 것입니다.

톰 라이트의 말을 한 번 더 인용합니다.

악을 매우 진지하게 취급하는 한 고상한 기독교 전통은 그 문제를 어떤 식으로든 명확하게 '해결'하려고 들지 말라고 경고합니다. 만일 여러분이 악에 대하여 어떤 분석을 제시했는데, 그것을 들은 사람들이 "그렇군요. 좋습니다. 이제 우리도 그것이 어떻게 된 일이며, 앞으로 무엇을 해야 할지 알겠습니다"라고 말하게 된다면, 여러분은 그 문제를 축소해 버린 것입니다.*

---

*「악의 문제와 하나님의 정의」, p. 43.

십자가에서 돌아가시기 전에 예수님은 겟세마네라는 산에서 기도하셨습니다. 이 대목을 읽어 보면, 악의 현실 앞에서 예수님이 어떻게 반응하셨는지를 알 수 있습니다. 그분은 베드로와 요한과 야고보를 따로 데리고 동산 깊은 곳으로 들어가십니다. 그리고 악의 현실에 대한 당신의 감정을 있는 그대로 드러내십니다. 마태복음 26:37-38은 이렇게 묘사하고 있습니다. "그리고 베드로와 세베대의 두 아들을 데리고 가서, 근심하며 괴로워하기 시작하셨다." 그 심정을 제자들에게 말로도 표현하십니다. "내 마음이 괴로워 죽을 지경이다. 너희는 여기에 머무르며 나와 함께 깨어 있어라."

여기서 우리는, 예수님이 당신이 직면하고 있는 악의 현실을 완전히 다 파악하지 못하고 있었음을 알 수 있습니다. 십자가에서 죽는 것 이외에 다른 방도는 없는지, 그분은 기도를 통해 성부 하나님께 물으셨습니다. 그래서 "나의 아버지, 하실 수만 있으시면, 이 잔을 내게서 지나가게 해주십시오"(39, 42절)라고 기도하셨습니다. 당신이 껴안아야 하는 악의 현실을 다 이해하지 못하고 있었다는 뜻입니다.

혹시, 제가 예수님의 신성을 부인하고 있다고 느끼십니까? 하나님의 아들인 예수 그리스도께서 십자가의 비밀을 다 이해하지 못하고 있었다는 말이 불편하십니까?

「오두막」에는 이 문제에 관해 아주 좋은 비유가 나옵니다. 하늘을 나는 새가 땅에 내려앉아 걷고 있다면, 어떤 필요를 위해 자신을 제한한 것입니다. 이처럼, 하나님도 우리가 알 수 없는 어떤 뜻을 이루기 위해 때로 당신 자신을 제한하십니다. 하나님이 인간의 몸을 입고 역사 속에 들어오신 것도 스스로 신성을 제한하시어 이루어진 일입니다. 예수님은 하나님의 아들로서 하나님의 뜻을 이루기 위해 많은 능력을 제한하셨습니다. 그분이 악의 현실 앞에서 이렇게 심하게 동요하신 것은 스스로를 제한하셔서 저와 여러분과 똑같이 악의 현실을 대면하기 위함이었다고 말할 수 있습니다.

예수님은 우리에게 악의 문제에 대한 모든 비밀을 알려 주기를 원치 않으셨습니다. 그러고 싶어도 그렇게 하실 수가 없습니다. 우리는 그 모든 것을 이해할 능력이 없습니다. 대신, 예수님은 이해할 수 없는 악의 현실을 끌어안고 그 악을 선의 도구로 바꾸시는 모범을 보여 주셨습니다.

고통의 터널을 지나는 법

둘째, 악의 현실은 대면하여 통과해야만 해결할 수 있습니다. 인생을 고해로 보는 점에서는 기독교와 불교가 일치합니다. 하지만 고통의 문제를 대하는 태도는 사뭇 다릅니다. 불교는 고통처럼 보이는 것이 실은 고통이 아님을 깨달으라고 가르칩니다. 반면, 기독교는 악은 엄연한 삶의 현실이라고 봅니다. 고통을 고통으로 보고, 아픔을 겪어서 고통의 터널을 관통해야 한다고 가르칩니다. 그것을 관통하는 과정에서 우리에게는 하나님의 임재가 필요하고 또한 사랑하는 사람들의 마음이 필요합니다. 그렇게 하여 고통을 겪어 내야만 합니다.

악의 현실을 맞닥뜨린 사람은 불가피하게 '왜?'라고 질문하게 됩니다. 하지만 그것은 대답을 알고 싶어서 하는 질문이 아닙니다. 예상치 못한 악의 현실 앞에서 숨이 막혀 내지르는 비명이거나, 어이가 없어서 토해내는 넋두리입니다. 그 사람이 당한 악의 이유에 정답이 있어서, 그것을 그 사람에게 설명했다고 칩시다. 그러면 그 사람이 "아, 그렇군요. 이제야 알겠습니다. 알고 나니, 이제 슬픔이 사라지는군요"라고 말할 것 같습니까? 그렇지 않습니다. 악에게 뒤통수를 얻어맞은 그 사람에게는 그 어떤 설명도 납득되지 않습니다. 머리가 띵하고 멍한데 무슨 말이 들어오겠습니까?

예수 그리스도의 십자가는 악의 문제에 대한 기독교적인 처방을 보여 주는 상징이라 할 수 있습니다. 악의 문제에서는, 하나님조차도 고난의 터널을 우회하지 않으셨습니다. 온 우주를 창조하신 하나님의 능력이면, 이 세상의 악을 한 순간에 뿌리째 뽑아 버릴 수 있습니다. 하지만 하나님은 그렇게 하지 않으셨습니다. 예수님은 갈릴리에서 행하셨던 기적의 능력을 발휘하여 십자가의 고난을 피하실 수도 있었습니다. 그러나 그분은 그렇게 하시 않고 묵묵히 고난의 터널을 걸어가셨습니다. 그것이 악의 문제와 고난의 문제를 진정으로 해결하는 길이라고 믿으셨기 때문입니다.

우리는 악의 현실 앞에서 당연히 움츠러들게 되어 있습니다. 예수님도 십자가에서의 죽음을 앞에 두고 여러 번 그러한 심경을 드러내셨습니다. 앞에서 살펴본 것처럼, 겟세마네 동산에서 그분은 제자들에게 두렵고 떨리는 마음을 표현하셨습니다. 그것은 연극도 아니었고 쇼도 아니었습니다. 진실로 그분도 악의 현실 앞에서 흔들리셨습니다. 신의 능력을 스스로 제한하셔서 저와 여러분처럼 되셨기 때문입니다. 하지만 기도하시면서 주님은 믿음을 회복하십니다. 그렇게 기도를 마친 후, 제자들에게 이렇게 말씀하십니다. "일어나서 가자. 보아라, 나를 넘겨줄 자가 가까이 왔다"(46절). 예수님은 그렇게, 악의 현실을 마주하기로, 그리고 고난의 터널을 통과해 지나가기로 결심하셨고, 이후로는 침묵 가운데 고난의 길을 걸으셨습니다.

악의 현실 앞에서 마음이 동요하고 믿음이 흔들리는 것은 어찌할 수 없는 일입니다. 주님도 그러셨다면, 우리가 어찌 그러지 않기를 바라겠습니까? 다만, 우리는 기도를 통해 고난을 직면할 용기와 담력을 얻어낼 수 있습니다. 그리고 고난 중에 함께하시는 하나님과 함께 고난의 터널을 지나갈 수 있습니다. 그렇게 고난의 심장을 통과하고 나면, 비로소 고난은 변모하게 됩니다. 불교가 말하듯 고난은 처음부터 허상이었던 것이 아닙니다. 고난은 엄연한 실상이요 현실입니다. 다만 그것을 대면하고 겪어 냈을 때, 우리는 고난이 축복으로 변해 있는 것을 발견합니다.

그분 안에 머무르면

맥은 처음에는 왜 내 딸 미시를 죽게 했느냐고 하나님에게 따져 묻습니다. 그는 오두막에서 하나님과 대화를 하면서 그분에게는 그런 악의가 없었다는 것을 확인합니다. 하지만 여전히 마음은 석연치 않습니다. 적어도, 하나님이 하고자 하셨다면 그 비극을 막을 수 있었을 것이기 때문입니다. 그 점 때문에 맥은 하나님에게 섭섭함을 느꼈습니다. 그러자 하나님은 이렇게 대답하십니다.

> 미시에게 벌어졌던 사고를 내가 사전에 막을 수 있었을까? 물론 있었지.… 첫째, 내가 애초에 창조를 하지 않았다면 그런 일이 아예 생기지 않았겠지. 이런 질문들도 생기지 않았을 거야. 둘째, 나는 미시의 상황에 적극적으로 개입하기를 선택했을 수도 있었어. 이런 문제를 방지하기 위해 아예 창조하지도 말았어야 했을까? 나는 그런 생각을 해 본 적이 없어. 나는 둘째 방법도 택하지 않았지. 그 이유를 너는 지금 이해할 수 없어. 지금으로서 내가 네게 대답으로 줄 수 있는 것은 나의 사랑과 선의 그리고 내가 너와 함께 있어 주는 것이지. 내가 미시를 죽게 한 것이 아니야. 하지만 나는 그 아이의 죽음을 이용하여 선한 것을 만들어 낼 거야.*

하나님이 맥에게 주실 수 있는 것은 그분의 사랑과 선의 그리고 함께 있어 주는 것이라고 말씀하십니다. 악의 현실을 마주한 사람에게 그것이면 충분합니다. 그것으로써 고난과 아픔을 극복하고 나면, 마음을 어지럽히던 그 많은 질문들이 어느덧 안개처럼 사라져 버

---

* 「오두막」, p. 365.

립니다. 그리고 그 고난을 통과함으로써 정금같이 연단된 자신을 발견하게 됩니다. 그때, 우리는 시편 기자처럼 "고난을 당한 것이, 내게는 오히려 유익하게 되었습니다"(119:71)라고 고백하게 될 것입니다.

지금 당신은 어떤 상황에 있습니까? 악의 현실을 마주하여 흔들리고 계십니까? 악의 몽둥이에 얻어맞은 후유증에서 아직 회복하지 못하고 계십니까? 상실의 아픔과 고통 중에서 "왜? 어째서? 무엇 때문에?"라고 물으며 몸부림 치고 계십니까? 하지만 당신도 아실 것입니다. 당신에게 필요한 것은 대답이 아니라 누군가의 사랑이요, 관계요, 우정이라는 것을 말입니다. 그러므로 당신에 대한 저의 기원은 이것입니다. 그 고난의 한복판에서 하나님을 만나시고 그분을 통해 사랑과 관계와 우정을 발견하시기를 기도합니다. 또한 가족이나 친구나 교우를 통해 그러한 도움을 찾으실 수 있기를 기도합니다.

아직 그런 상황에 처해 본 일이 없으시다고요? 감사한 일입니다. 하지만 현대인들이 가지기 쉬운 낭만적인 낙관주의나 헛된 기대감을 조심하시기 바랍니다. 악의 현실은 세상 마지막 날까지 변하지 않을 것입니다. 아니, 성경의 예상이 맞는다면, 악의 현실은 더욱 심해질 것입니다. 그러므로 이 문제에 대해 마음을 잘 준비해야 합니다. 악의 현실 앞에서 위험하고 미성숙하게 반응하면 결국 자멸하고 맙니다. 고난당하는 형제 자매에게 줄 수 있는 최선의 선물은 우리의 사랑과 선의 그리고 함께 있어 주는 것임을 알고, 고난당한 사람들을 돌아볼 수 있기를 바랍니다. 그러다 보면, 그 어떤 악의 현실이라도 마주할 수 있는 믿음과 용기를 얻게 될 것입니다. 이런 점에서 보면, 고난당한 사람을 돕는 일은 스스로를 돕는 일이기도 합니다.

어떤 상황에 있건, 주님의 사랑과 선의를 믿으시기 바랍니다. 그리고 주님의 임재를 구하십시오. 그분 안에 머물러 있으면, 그분이 모든 것을 사용하여 모두에게 유익하게 하실 것입니다. 바울 사도는 이렇게 말한 바 있습니다. "하나님을 사랑하는 사람들, 곧 하나님의 뜻대로 부르심을 받은 사람들에게는, 모든 일이 서로 협력해서 선을 이룬다는 것을 우리는 압니다"(롬 8:28). 그것을 아시고, 믿으시고, 매일 선언하시기 바랍니다. 하나님이 그렇게 만드실 것입니다.

고난으로써 고난을 이기고
죽음으로써 죽음을 이기신 주님,
악의 현실 속에 있는 저희를 도우소서.
때로 저희는 이리 떼 가운데 있는 어린양과 같습니다.
악의 세력이 폭력을 휘두를 때
저희는 정신을 잃고 휘청거립니다.
그때마다 십자가를 바라보게 하소서.
저희도 주님처럼
고난을 통과하여 고난을 이기게 하소서.
고난이 축복이 되는 기적을

저희도 경험하게 하소서.

아멘.

말씀 묵상

마태복음 26:36-46을 읽습니다. 본문에 나오는 말씀 가운데 가장 울림이 있는 부분을 생각해 보십시오.

토론 질문

잠시 눈을 감고 묵상하면서, 당신의 믿음을 가장 심하게 흔들었던 악의 현실은 무엇이었는지 생각해 보십시오. 당신은 그 혼란을 어떻게 극복했습니까?

리타 모랜의 시를 함께 읽어 봅시다. 이 시에 비추어 나의 위로의 경험을 반성해 봅시다. 또 악의 현실을 마주하고 있는 이웃이 있다면 그 사람에게 내가 어떻게 힘이 될 수 있을지 생각해 보고 실천합시다.

기도

악이 점점 더 심해지는 세상에 살고 있는 우리 자신을 위해 기도합시다. 할 수만 있으면 악을 피할 수 있기를, 그러나 피할 수 없을 때 대면하여 변모시킬 수 있기를 기도하십시오.

6장
악에는 배후가 있다

악의 문제를 다룬 소설로서 「오두막」은 꽤 성공을 거두었다고 할 수 있습니다. 물론, 이 복잡하고 심오한 문제를 한 편의 소설로 해결할 수 있다고 생각하는 것은 오산입니다. 이 소설이 어느 정도 성공했다고 말하는 이유는 독자들로 하여금 악의 문제를 붙들고 진지하게 씨름하도록 이끌었기 때문입니다. 또한 악의 문제에 관한 여러 주제들을 새로운 시각에서 이해하도록 도와주었다는 점에서도 성공했다고 평가할 수 있을 것입니다.

그런데 한 가지, 아주 중요한 결함이 있습니다. 악의 문제를 다루면서, 그 배후에 있는 영적 세력에 대해 언급하지 않는다는 점입니다. '영적 세력'이라 함은 흔히 사탄, 마귀, 악령, 귀신 등의 이름으로 부르는 존재들을 가리킵니다. 적어도 이 소설만 두고 말한다면, 윌리엄 폴 영의 세계관에는 악한 영의 세력이 존재하지 않는 것 같습니다. 미시를 살해한 연쇄살인범에 대해 지면을 할애하지 않아서 그것에 대해 말할 기회가 없었는지 모릅니다. 혹은 일부러 무시했는지도 모릅니다.

그 이유가 어떻든, 이것은 아주 큰 결함이라고 할 수 있습니다. 적어도 맥과 삼위의 하나님이 나누는 대화 중에, 악의 현실에서 사탄의 역할에 대한 언급이 있어야 했습니다.

이 지점에서 용어 설명을 잠시 하고 넘어가야겠습니다. 성경에서는 악의 배후에 있는 영적 세력에 대해 여러 용어들이 사용되기 때문에 정리가 좀 필요합니다. 가장 잘 알려진 말은 '사탄'입니다. 이것은 아람어에서 나온 말로서, '반대자'라는 뜻입니다. 사탄이라는 말은 타락한 영적 존재들의 우두머리를 가리킵니다. 사탄과 동의어로 쓰이는 헬라어는 '디아볼로스'로서 우리말로는 '악마' 혹은 '마귀'로, 영어로는 주로 'devil'로 번역합니다. 사탄 혹은 악마의 지시를 받아 악한 일을 일삼는 하급의 영적 존재들을 가리켜 '귀신'(demon) 혹은 '악령'(evil spirit)이라는 말을 사용합니다.

하나님은 본래 이 세상을 선하게, 의롭게 그리고 아름답게 창조하셨습니다. 악은 하나님의 창조물이 아닙니다. 그분은 영적 세계를 창조하셨고 또한 물리적인 세계를 창조하셨습니다. 영적 세계에는 천사를 두셨고, 물적 세계에는 인간을 두셨습니다. 그런데 천사들 중 일부가 하나님께 반역을 했습니다. 기독교 전통은 그 천사를 루시퍼라고 불러 왔습니다. 성경에 구체적으로 언급되지는 않았지만, 여러 곳에서 암시되고 있다고 봅니다. 사실, 이름은 중요한 것이 아닙니다. 그같이 '타락한 영적 존재'가 있다는 것을 아는 것이 중요합니다.

교회 전통에 의하면, 루시퍼로 알려진 이 천사는 천사장 미가엘과 함께 영적 세계에서 중요한 역할을 하던 존재인데, 자유의지를 오용하여 하나님께 반역하였고, 추종자들과 함께 하늘에서 쫓겨났습니다. 우두머리 루시퍼는 사탄이 되고, 그의 추종자들은 악한 영이 되어, 이 땅에서 인간들의 마음을 사로잡아 하나님을 반역하도록 음모를 꾸미고 그것을 실행하고 있다는 것입니다.

이 대목에서 '천사'에 대해서도 잠시 설명할 필요가 있을 것 같습니다. 요즈음 기독교인들 사이에 천사를 하나의 신화적 존재로 취급하여 아예 무시하는 경향이 있습니다. 아마도, 천사라는 말이 '흰 옷을 입고 두 날개를 단, 사람같이 생긴 존재'를 상상하게 만들기 때문인 것 같습니다. 어른이 되고 나면 그런 동화적 그림을 더 이상 믿지 않습니다. 동화의 세계를 떠나면서 천사도 함께 버리는 겁니다.

하지만 '천사'라는 말의 근본적인 의미는 '메신저'입니다. 그 외양이 어떤지는 중요하지 않습니다. 천사는 가시적인 존재가 아니기 때문입니다. 때로는 보이는 모습으로 나타나기도 합니다만, 그 모습은 본질이 아닙니다. 따라서 우리는 다만 영적인 세계에서 하나님의 뜻을 받들도록 창조된 영적 존재가 있으며, 그늘이 하나님과 인간 사이를 돕고 있다는 것을 인정할 수 있어야 합니다. 그것은 성경의 증언이며, 지난 2천 년 동안 믿는 이들이 경험한 진정성 있는 영적 체험을 통해 거듭 확인한 사실입니다.

자유의지

여기서 잠시 '자유의지'라는 것에 대해 생각해 볼 필요가 있습니다. 하나님은 천사와 인간을 창조하시고 그들에게 자유의지를 주셨습니다. 하나님께 순종할지 거역할지를 선택할 수 있는 자유를 주셨다는 뜻입니다. 자유의지를 부여하시면서 하나님은 천사와 인간이 당신을 거역할지도 모를 위험을 감수하셨습니다. 악은 대부분이 자유의지가 오용됨으로써 생겨났다 할 수 있습니다.

어떤 이들은 천사와 인간에게 자유의지를 주신 것이 하나님의 가장 큰 실수였다고 생각합니다. 처음부터 하나님을 거역할 여지를 아예 주지 않았다면 악이 생겨나지 않았을 것 아니냐는 것입니다. 말은 그럴듯해 보입니다만, 이 질문은 자유의지의 성격을 제대로 모르고 하는 말입니다. 자유의지는 진정한 관계를 위한 전제 조건입니다. 만일 내가 누구와 진정한 친구가 되고 싶다면, 그 사람이 스스로 나의 친구가 되기를 선택할 자유가 전제되어야만 합니다.

덴마크 철학자 쇠렌 키르케고르가 만든 우화 하나를 소개합니다. 어떤 제국의 왕이 한 비천한 여인을 사랑하게 되었습니다. 그는 자신이 그 여인을 사랑하는 것만큼 그 여인도 자신을 사랑하기를 바랐습니다. 왕은 군사들을 보내어 여인을 강제로 데려올 수도 있었습니다. 하지만 굴종은 진정한 사랑이 아닙니다. 왕은 값비싼 물건을 보내어 그 여인의 마음을 살 수도 있었습니다. 하지만 그것도 사랑을 얻는 길이 아니었습니다. 결국, 왕은 보통 사내로 변장을 하고 여인의 초라한

움막을 찾아가 사랑을 호소하기로 합니다. 그것만이 그 여인의 진정한 사랑을 얻는 길이었기 때문입니다. 왕은 거절당할 위험을 감수한 것입니다.

천사와 인간을 지으시면서 하나님이 자유의지를 부여하신 까닭이 여기에 있습니다. 하나님은 일방적인 명령과 복종의 관계를 원치 않으셨습니다. 로봇과 함께 살기를 원치 않으셨습니다. 노예들에 둘러싸여 살기를 원치 않으셨습니다. 그분은 천사와 인간을 위압하여 군림하기를 원치 않으셨습니다. 진정한 관계를 선택하셨습니다. 자유의지에 근거한 관계는 위태롭습니다. 거절할 수도, 거절당할 수도 있기 때문입니다. 자유의지에 근거한 관계는 또한 힘겹습니다. 상대방의 마음이 움직일 때까지 호소하며 기다려야 하기 때문입니다. 하지만 진정한 관계만이 우리에게 진정한 행복을 주는 것이기에, 위태롭고 힘겹지만 그것을 선택하신 것입니다.

어떤 이들은 또 이렇게 묻습니다. '하나님이 천사와 인간에게 자유의지를 주셨을 때, 그것이 오용될지를 미리 아시지 않았을까? 하나님이 전지하시다면, 그것을 예상하셨어야 하는 것 아닌가?' 이 질문에 대해서도 소설 「오두막」에 나오는 '새의 비유'로 답할 수 있을 것입니다. 새는 때로 어떤 목적을 위해 날아다니는 능력을 스스로 제한하여 땅을 걸어다닙니다. 이처럼, 천사와 인간에게 자유의지를 부여하시면서 하나님은 스스로 전지의 능력을 제한하셨을 가능성이 있습니다. 그 미래를 알 수는 있지만, 알기를 원치 않으셨던 것입니다. 그래야만 진정으로 위험을 감수하는 것이 되니까 말입니다.

거짓의 아비

본래 천사로 지어졌으나 자유의지를 오용하여 악의 배후가 된 사탄은 그 본성이 '속이는 자'입니다. 요한복음을 보면, 예수님은 사탄에게 속아 진리를 거부하는 유대인들에게 이렇게 말씀하십니다.

너희는 너희 아비인 악마에게서 났으며, 또 그 아비의 욕망대로 하려고 한다. 그는 처음부터 살인자였다. 또 그는 진리 편에 있지 않다. 그것은 그 속에 진리가 없기 때문이다. 그가 거짓말을 할 때에는 본성에서 그렇게 하는 것이다. 그는 거짓말쟁이이며, 거짓의 아비이기 때문이다. (요 8:44)

여기서 예수님은 사탄을 '거짓의 아비'라고 규정하십니다. 하나님에 대해, 영적 세계에 대해, 그리고 인간의 삶에 대해 진실을 호도하는 것이 사탄의 주된 전략입니다. 이는 영적 세계에 관해 알아야 할 가장 중요한 내용입니다.

믿는 사람들 중에는 사탄 혹은 귀신이라는 말을 들으면 가장 먼저 귀신들림의 현상을 생각하고 두려워하는 사람들이 있습니다. 하지만 귀신들림은 사탄의 주된 전략이 아니라는 것을 기억해야 합니다. 때로, 모든 정신 질환을 귀신들린 것으로 오인하는 사람들이 있습니다. 그렇지 않습니다. 정신 질환 혹은 심리적인 질환 가운데 아주 적은 부분만이 귀신에 사로잡힌 것입니다. 그리고 귀신들림의 현상은 아무에게나 일어나는 일이 아닙니다. 정신과 의사이자 영적 스승인 스캇 펙은 단순한 정신 질환이 아니라 귀신에 사로잡힌 것으로 보이는 두 환자를 관찰한 결과, 다음과 같이 결론을 짓습니다.

이 두 가지 사례를 통하여 나는 귀신들림이란 우연한 사고가 아니라는 결론을 내리게 되었다. 그러니까 어느 날 어떤 사람이 길거리를 걸어가는데 갑자기 뒤에서 귀신이 뛰어나와 그의 속으로 쏙 들어갈 리는 만무하다는 것이다. 귀신들림이란 당사자가 이런저런 이유 때문에 반복적으로 자신의 영혼을 파는 과정을 통하여 나타나는 하나의 점진적인 과정이라고 하겠다.*

스캇 펙의 결론은 귀신들림의 현상의 본질을 꿰뚫어 본 것이라 평가할 만합니다. 자신의 영혼을 사탄에게 넘겨주어 귀신들림의 상태에 빠지는 것은 크나큰 불행입니다. 하지만 자신의 영혼을 스스로 넘겨주지 않으면 그 같은 일은 일어나지 않습니다. 그보다 더 두려워할 일은 사탄에게 속아 넘어가는 일입니다. '거짓의 아비'에게 속아 넘어가 '거짓의 자식'이 되지 않도록 조심해야 합니다. 그것이 사탄의 주된 전략이기 때문입니다. 그 속임수는 너무나도 교묘해서 깊은 영적 차원에 있는 사람조차 한순간에 넘어뜨릴 수 있습니다.

---

* 「거짓의 사람들」(두란노), p. 366.

우리가 경험하는 악의 대부분은 사탄이 인간을 속이고 유혹하여 만들어 내는 것이라 할 수 있습니다. 하지만 그렇다고 해서 악을 행한 사람의 책임이 면제되거나 감해지는 것은 아닙니다. 유혹이란 내 속에 그것을 탐하는 마음이 없이는 아무런 힘을 발휘하지 못하기 때문입니다. 어떤 악행에 대해 악령의 책임이 몇 퍼센트이고 범죄자의 책임이 몇 퍼센트인지 계산할 수는 없습니다. 하지만 분명한 것이 두 가지 있습니다. 하나는, 악의 현실 배후에는 악한 영적인 힘이 어느 정도 역할을 하고 있다는 것입니다. 다른 하나는, 그 속임수와 유혹에 넘어간 것은 그 사람 자신의 책임이라는 것입니다. 죄와 악을 탐하는 마음이 속임수와 유혹을 핑계로 삼은 것이기 때문입니다.

앞에서 말씀드린 자유의지에 대해 사람들이 자주 제기하는 이런 질문도 있습니다. "하나님이 오용의 위험을 감수하고 자유의지를 주셨다면, 그것을 오용하는 것에 대해 책임을 묻지 말아야 할 것 아닙니까? 선택권을 주셨다면, 어느 편을 선택하든지 내버려두어야지, 잘못 선택한 것에 대해 책임을 물어 심판한다니, 말이 됩니까?" 얼른 보면, 그럴듯하게 들립니다. 하지만 모든 선택에는 책임이 따르게 되어 있습니다. 게다가, 각각의 선택의 결과가 어떠할지를 충분히 알게 해주었는데도 불구하고 자기 욕심에 따라 악의 길을 선택했다면, 그 사람에게 어떤 변명의 여지가 있겠습니까?

이미 치명타를 입은 사탄

이렇듯, 우리는 사탄의 속임수에 넘어가지 않도록 조심해야 합니다. 그러나 믿는 사람들은 사탄의 공격에 대해 지나치게 두려워하지 말아야 합니다. 사탄의 세력은 이미 예수 그리스도를 통해 회복이 불가능할 정도로 심한 타격을 입었기 때문입니다. 예수님은 그 점을 비유로 말씀해 주셨습니다.

예수님이 귀신들린 사람을 고치시자 사람들이 그분을 헐뜯습니다. 그분이 귀신의 우두머리인 바알세불 즉 사탄의 힘을 이용하여 귀신을 쫓아낸 것이라고 말입니다. 이 비난에 대해 예수님은, 당신은 하나님의 능력으로 귀신을 내어쫓는 것이라고 대답하십니다. 그러면서 이렇게 말씀하십니다.

> 힘센 사람이 완전히 무장하고 자기 집을 지키고 있는 동안에는, 그의 소유는 안전하다. 그러나 그보다 더 힘센 사람이 달려들어서 그를 이기면, 그가 의지하는 무장을 모두 해제시키고, 자기가 노략한 것을 나누어 준다. (눅 11:21-22)

여기서 말하는 '힘센 사람'은 사탄을 가리킵니다. '그보다 더 힘센 사람'은 예수 그리스도입니다. 이 비유에서 예수님은 당신이 이미 사탄의 진영을 공격하여 그 우두머리를 결박해 두었다고 말씀하십니다. 예수 그리스도를 주님으로 영접하고 성령의 능력 안에 사는 사람에게는, 귀신은 결코 두려워할 존재가 아닙니다. 자신의 영혼을 귀신에게 스스로 양도하지 않는 한 귀신들림은 일어나지 않으며, 성령의 능력 안에서 진리를 사모하는 사람들은 사탄에게 속지 않습니다. 설사, 속는 일이 있어도 성령의 인도하심 안에서 다시 회복될 수 있습니다.

예수 그리스도의 제자로 살면서 성령의 능력 안에 있는 사람이 귀신을 생각하면서 두려워한다면, 그것은 마치 사람이 지나가는 뱀을 보고 기겁하는 것과도 같습니다. 저는 어릴 적에 시골에서 살아서인지 뱀에 대한 본능적인 두려움이 있습니다. 얼마 전에도 산책하는 길에 작은 실뱀이 제 앞으로 휙 지나갔습니다. 뱀이 저를 보고 놀라서 도망가는데, 저는 순간 뒷덜미가 서늘해지는 것을 느꼈습니다. 이성적으로는 그럴 이유가 하나도 없는데, 제 무의식에 숨겨진 어떤 문제 때문에 그렇게 반응하는 것입니다.

비유하자면, 우리는 사탄과 악령에 대해 병균을 대하듯 대하면 됩니다. 과학을 하시는 분에게 문의해 보니, 병균은 건강한 균이 변질된 것이라고 합니다. 우리가 건강하게 살려면, 병균이나 세균의 존재를 늘 의식하고 살아가야 합니다. 하지만 강박관념처럼 병균에 대한 공포에 사로잡히는 것은 옳지 않습니다. 병균은 존재하지 않는다고 생각하는 것도 잘못이요, 온 천지가 병균투성이라고 생각하는 것도 잘못입니다. 우리의 목표는 병균과 싸우는 것도 아니요, 병균을 피하는 것도 아닙니다. 우리의 목표는 병균의 존재를 인식하고 적절하게 대응하면서 건강을 키우고 면역력을 키우는 것입니다. 모든 사람의 몸에는 병균이 존재하지만 건강한 사람에게는 존재하지 않는 것과 다름이 없습니다.

사탄과 악령에 대해서도 마찬가지입니다. 그 존재와 활동 양상을 부정하거나 무시하는 것은 크게 속아 넘어가는 일입니다. 하지만 사탄과 악령에 대한 두려움에 사로잡혀 살아간다면, '영적인 강박관념'에 걸린 것입니다. 우리 삶의 목표는 사탄과 악령에 대항해 싸우는 것도 아니요, 사탄과 악령을 피해 다니는 것도 아닙니다. 우리의 목표는 사탄의 속임수를 조심해 가면서 영적 건강을 유지하는 것입니다. 늘 성령과 함께 동행하는 것입니다. 우리의 영혼을 성령의 손에 맡기도록 매일 힘쓰는 것입니다. 사탄에게 넘겨지면 우리 영혼은 노예가 되고 파멸의 길을 가지만, 성령의 손에 맡겨지면 우리 영혼은 진정한 자유를 누리며 하나님의 뜻을 이루게 됩니다.

선교신학자 폴 히버트(Paul Hiebert)는 영적인 실재에 대해 우리가 견지해야 할 바른 태도에 대해 이렇게 말했습니다.

우리는 시선의 초점을 오직 그리스도께 맞추어야 한다. 그 초점에서 가까운 주변에 두어야 할 것은 천사들이다. 그 바깥 주변에 두어야 할 것이 악의 세력이다. 우리에게는 악을 이길 수 있는 성령의 능력이 있으므로, 우리의 메시지는 승리, 희망, 기쁨, 자유의 소식이어야 한다.*

---

* 「21세기 선교와 세계관의 변화」(복있는사람), p. 581.

속임수를 넘어

혹시, 이 모든 이야기들이 전설이나 동화처럼 들릴지 모르겠습니다. 가까운 과거에 과학자들은 이 세계를 기계와 같은 것으로 인식했습니다. 오직 실험실에서 측정할 수 있는 것만이 존재한다고 생각했습니다. 그래서 영적 세계를 부정했고, 하나님을 거부했고, 천사와 사탄의 존재를 부정했습니다. 그렇게 해도 이 세상은 얼마든지 설명될 수 있다고 보았습니다. 아직도 그렇게 생각하는 사람들이 절대 다수이지만, 이 같은 사고 방식에 대해 회의를 품고, 다시금 영적인 세계와 영적인 존재들의 자리를 찾는 사람들이 있습니다. 그 사람들은 두뇌가 명석하지 않거나 학문이 짧아서 그렇게 생각하는 것이 아닙니다. 온전한 정신과 온전한 지성을 가지고도 영적 세계의 존재를 인정하는 사람들이 적지 않습니다.

사탄과 악령이 존재하지 않는다고 생각하는 것은 어쩌면 사탄의 가장 큰 속임수에 넘어간 것일지도 모릅니다. 스캇 펙의 말을 한 번 더 인용하겠습니다. "어쩌면 사탄의 거짓말 중 백미는 인간의 마음에 자신의 현존성을 감쪽같이 숨겨 버리는 일이다. 사탄은 그 점에서 전폭적인 성공을 거두었다"* 이 성공으로 인해 수많은 사람들이 자신이 속아 넘어가는 줄도 알지 못한 채 속아 살고 있습니다.

동시에, 사탄과 악한 영의 세력이 있음을 알기에 더욱더 삼위의 하

---

* 「거짓의 사람들」, p. 401.

나님과 함께 사귀며 매일을 살아가는 일에 마음을 다해야 할 것입니다. 그 거룩한 관계 안에서 살아갈 때, 우리는 악의 유혹과 속임수에서 벗어나 살 수 있으며, 악한 영의 유혹에 빠진 인간이 만들어 내는 악에 대해서도 바르게 대처할 수 있습니다. 그리고 그 어떤 악의 현실 앞에서도 희망을 볼 수 있습니다. 악의 본영이 이미 파괴되었음을 알기 때문이며, 성령의 능력 안에 있는 사람을 사탄이 어찌할 수 없음을 알기 때문이며, 또한 온 우주를 선하게 창조하신 하나님이 모든 것을 선하게 바로잡으실 날이 있음을 알기 때문입니다.

뿐만 아니라, 인간의 악의 배후에 있는 영적 세력을 안다면, 그리고 수많은 사람들이 그런 줄도 모르면서 '거짓의 자식들'로 살아가고 있음을 안다면, 우리는 복음을 전하는 데 더 열심을 낼 것입니다. 전도란 한 죽은 영혼을 살려내는 '개인적 사건'에 그치는 것이 아님을 알아야 합니다. 한 영혼이 하나님 앞으로 돌아올 때, 거짓의 사람이 진리의 사람이 되는 것이며, 악의 가능성은 그만큼 줄어드는 것입니다. 물론, 믿는다는 사람들도 때로 거짓의 아들 노릇을 할 때가 있습니다. 예수님도 베드로에게 "사탄아, 내 뒤로 물러가라"(막 8:33)라고 말씀하시지 않았습니까? 그러므로 믿는다고 해서 자신은 마치 '진리의 사람'인 듯이 착각해서는 안 됩니다. 늘 자신의 선 자리를 살펴 넘어지지 않도록 조심해야 합니다. 또한 그렇다고 해서 복음을 전하는 일에 움츠러들어서는 안 될 것입니다.

이 장을 읽고 사탄과 악령에 대한 두려움에 빠진다면 잘못 읽은 것입니다. 이 장을 통해 저는 독자들이 이 세상에 대해 바른 시각을 가지게 되기를 기대합니다. 물질만이 전부라고 여기는 이 세상에 살면서 영적 세계를 볼 수 있기 바랍니다. 성삼위 하나님이 성령을 통해 오늘 이곳에서 우리와 함께하심을 보시기 바랍니다. 거룩한 천사들이 우리를 에워싸고 있음을 보시기 바랍니다. 물론, 사탄과 악한 영은 우리를 속이기 위해 끊임없이 노력하고 있습니다. 하지만 영적 초점이 제대로만 맞추어져 있다면 두려워할 것이 없습니다. 그런 눈으로 보고, 그런 삶을 산다면, 우리가 밟는 땅은 어디나 거룩한 땅이 될 것입니다.

거룩한 땅

이제, 마지막으로 크랩(Crabb) 가족이 만든 "거룩한 땅"(Holy Ground)이라는 노래를 소개합니다. 이 노래는 앞에서 설명한 영적 진리를 아주 잘 표현하고 있습니다.*

거룩한 땅(Holy Ground)

우리는 거룩한 땅에 서 있어요.
천사들이 우리를 둘러싸고 있음을 나는 알지요.

---
* Youtube.com에서 Holy Ground를 검색하시면 들을 수 있습니다.

그러니 지금 예수님을 찬양합시다.

우리가 그분의 임재 안에 서 있으니까요.

그 거룩한 땅에

그분의 임재 안에 기쁨이 있음을 보세요.

측량할 수 없는 그분의 발치에서 마음의 평화를 발견할 수 있어요.

그분이 말씀하셨지요.

내 자녀야, 내게는 너희에게 필요한 답이 있단다.

네가 할 일은 손을 뻗어 그것을 가지는 것일 뿐.

자녀야, 너는 바로 지금 이곳

거룩한 땅에 서 있기 때문이지.

말씀 묵상

요한복음 8:39-37을 읽습니다. 본문에 나오는 말씀 가운데 가장 울림이 있는 말씀을 생각해 봅니다.

토론 질문

요즈음 대중 매체에서 귀신을 보았다는 이야기를 자주 방송합니다. 이 같은 현상에 대해 어떻게 생각해야 할까요?

폴 히버트의 말을 다시 읽어 보십시오.(p. 107) 이 말에 비추어 볼 때, 당신의 신앙 생활의 초점은 제대로 맞추어져 있습니까?

기도

모두가 눈을 감고 있는 동안, 한 사람이 "거룩한 땅"(Holy Ground)의 가사를 낭독해 주십시오. 혹은 인터넷에서 이 음악을 찾아 감상하십시오. 감상이 끝난 후, 잠시 침묵 가운데 기도하면서, 하나님의 성령과 거룩한 천사에 둘러싸인 자신의 모습을 상상해 보고, 영적 시각을 잃지 않도록 기도하십시오.

사탄의 속임수에 빠져 있는 이들을 위해 기도하고 전도하기를 힘쓰십시오.

7장
독립은 없다

성경에 나오는 이야기 중 많은 사람들이 가장 궁금해하는 것 중 하나가 선악을 알게 하는 나무일 것입니다. 이 나무에 대해 수많은 질문들이 있고, 그 대부분은 대답하기 어렵습니다. 특히 "왜 선악과를 만드셨을까?"라는 질문에 대해서는 매우 대답하기 어렵습니다.

기독교 역사상 최고의 사상가로 인정받는 아우구스티누스에 얽힌 이야기가 있습니다. 어느 날, 어려운 질문으로 교사를 괴롭히기를 즐기는 청년이 그를 찾아왔습니다. 그가 아우구스티누스에게 묻습니다. "하나님은 천지를 창조하시기 전에 무엇을 하셨을까요?" 아우구스티누스가 그 청년을 물끄러미 바라보자니, 진지한 구도심은 보이지 않고 다만 어려운 질문으로 상대방을 괴롭히고 자신의 명석함을 과시하려는 속셈이 분명해 보였습니다. 그는 이렇게 대답하였습니다. "너 같은 놈을 위해서 지옥을 만드셨네."

성숙한 믿음에 이르려면 우리가 믿는 바에 대해 끊임없이 묻고 정직하게 대답하기를 힘써야 합니다. 이성은 신앙의 적이 아닙니다. 오히려 이성을 잘 활용해야만 흔들리지 않는 믿음에 이를 수 있습니다. 따라서 정직한 의문은 신앙 생활에서 매우 중요한 덕목입니다. 하지만, 그렇게 질문해 가는 과정에서 꼭 기억할 것이 있습니다. 신앙의 영역에는 대답될 수 없는 것들이 있으며, 그런 것에 대해서는 신비로 놓아두는 지혜가 필요하다는 사실입니다. 하나님이 애당초 선악과를 왜 만들어 놓으셨느냐는 질문이 그렇습니다. 그것은 우리가 대답할 수 없는 질문입니다. 따라서 이 같은 질문은 신비에 속한 것으로 두고, 그 대신 우리는 선악과의 이야기가 우리에게 무엇을 의미하는지를 물어야 할 것입니다.

선악과에 대해 제가 가졌던 질문은 이런 것이었습니다. "믿는 사람에게 가장 필요한 것이 선과 악을 분별하는 일인데, 왜 하나님은 선과 악을 분별하는 지식을 금지하셨을까?" 그리스도인의 힘써야 할 일은 악을 거부하고 선을 행하는 데 있다고 믿고 있었는데, 하나님은 선과 악을 알게 하는 나무의 열매를 먹지 말라고 명령하셨습니다. 저는 그 의도가 도대체 이해가 되지 않았습니다. 아직도 이 질문이 완전히 풀린 것은 아닙니다만, 인간의 본성을 더욱 이해하게 되면서 조금씩 풀려 가는 것 같습니다.

아담과 하와는 하나님의 금지 명령을 어기고 뱀의 꼬임에 빠져 선악을 알게 하는 열매를 먹습니다. 뱀은 사탄을 상징합니다. 이는 인간의 세계에서 타락이 일어나기 전에 영적 세계에서 먼저 타락이 있었음을 암시합니다. 자유의지를 오용하여 하나님에게 등을 돌리고 사탄이 된 '타락 천사'는 인간을 악의 협력자로 만들기 위해 유혹합니다. 하와에게도 하나님의 뜻을 벗어나고자 하는 욕심이 있었습니다. 사탄은 그 욕심을 부추겼고, 하와는 사탄의 유혹을 빌미로 하여 자신의 욕심을 채우려 했습니다. 명분이나 핑계만 있으면 숨겨진 욕심을 채우는 데 발빠른 것이 바로 인간입니다.

그런데 그 결과가 어찌되었습니까? 그들이 선악과를 따 먹고 나서 처음으로 일어난 변화가 무엇입니까? 그들은 벌거벗은 것을 부끄러이 여기고 무화과나무의 잎을 따서 몸의 일부를 가렸습니다. 창세기 2:25에 보니 그 열매를 먹기 전에는 달랐습니다. "남자와 그 아내가 둘 다 벌거벗고 있었으나; 부끄러워하지 않았다." 다시 말하면, 선악과를 먹고 나서 벌거벗은 것을 악으로 여기게 되었다는 뜻입니다.

여기서 심각한 질문이 제기됩니다. 과연, 선악과를 먹은 아담과 하와는 하나님처럼 선과 악을 알게 되었습니까? 사랑하는 남녀가 벌거벗은 것을 악으로 보았다면, 그들의 판단이 옳습니까? 사람마다 시각이 다를 수 있겠지만, 그것을 악이라고 단정하는 사람은 별로 없을 것입니다. '자연주의' 혹은 '나체주의'를 옹호하려는 것은 아닙니다. "아담과 하와가 맨 처음 악으로 여긴 것이 진실로 악의 범주에 드는 것이냐?"라는 질문을 하는 것입니다.

장기판 위의 말

이상의 추론을 통해서 어느 정도 분명해지는 사실이 있습니다. 선악과 이야기는 선악을 분별하는 능력이 하나님께만 속한 것임을 암시합니다. 창세기 3:5에서 사탄이 하와에게 한 말을 생각해 보십시오. "하나님은, 너희가 그 나무 열매를 먹으면, 너희의 눈이 밝아지고, 하나님처럼 되어서, 선과 악을 알게 된다는 것을 아시고, 그렇게 말씀하신 것이다." 사탄이 제대로 보고 있는 것입니다. 선과 악을 아는 것은 곧 하나님처럼 되는 것입니다. 더 이상 하나님께 의존하지 않고도 스스로 선을 선택하며 살 수 있게 됩니다. 독립적인 인간, 자립적인 인간이 되는 것입니다.

그런데 문제는, 인간은 피조물이기 때문에 선과 악을 제대로 분별할 수 없다는 데 있습니다. 그것은 아담과 하와의 이야기에서 분명히 나타났습니다. 그들은 선악과를 따 먹음으로써 하나님으로부터의 독립을 선택했습니다. 그들은 스스로의 능력으로 선악을 분별하며 사는 편을 택했습니다. 하지만 사실은 선이 무엇이고 악이 무엇인지를 제대로 파악할 능력이 없었습니다. 하나님에게서 독립하고 나서, 그들의 눈이 밝아지기는 했지만 불행하게도 완전한 시력을 얻은 것이 아니었습니다. 그들은 선악을 판단할 수 있다고 자만했지만, 실은 이로써 선과 악에 대한 혼돈의 역사가 시작된 것입니다.

인류의 역사를 살펴봅시다. 선을 악으로 오인하여 마음놓고 악을 범한 일이 얼마나 많습니까? 저는 저 자신과 제 아이들을 생각하면서 맹목적인 전쟁의 시대에 태어나지 않은 것에 대해 감사할 때가 많습니다. 특히, 역사 드라마를 보거나 역사의 현장을 여행할 때 그런 생각을 하곤 합니다. 권력자들의 선전에 속아 악을 선으로 착각하고 의미 없는 전쟁에 생명을 바친 이들이 얼마나 많습니까? 종교의 역사를 보아도 마찬가지입니다. 기독교를 비롯해 얼마나 많은 종교인들이 악을 행하면서 그것을 신의 뜻으로 미화해 왔습니까? 지금도 그 같은 일은 계속되고 있고, 그래서 무신론 운동이 확산되고 있는 것이 아닙니까?

개인의 경우도 마찬가지입니다. 각자의 삶의 궤적을 돌아보시기 바랍니다. 무슨 일을 만나 "아, 이런 재앙이!"라고 생각했던 것이 나중에 오히려 축복으로 드러난 경우가 있지 않았습니까? 반면, 좋은 일이 생겼다고 신이 났었는데, 나중에 보니 악이었습니다. 잘 하고 싶은데, 선을 행하고 싶은데, 좋은 일을 하고 싶은데, 어떻게 해야 할지 알 수가 없습니다. 의식에서는 선을 행하는 것이라고 믿었는데, 실은 악을 도모하고 있는 경우도 있습니다. 저 자신에 대해 말하자면, 선에 대한 저의 믿음이 점점 줄어들고 있습니다. 점점 자신이 없어집니다.

목사가 교인들에게 제일 많이 받는 질문이 무엇인지 아십니까? "어떻게 하면 하나님의 뜻을 찾을 수 있습니까?"라는 것입니다. 목사 자신도 이 질문이 가장 어렵습니다. 기독교 서점에 가 보면, 이런 질문에 답하기 위해 쓰여진 책이 적지 않습니다. 이 모든 사실이 반증하는 진실은 무엇입니까? 인간에게는 선악을 판단할 능력이 없다는 것입니다. 무엇이 선이고 무엇이 악인지를 판단하려면 그림 전체를 볼 수 있어야 하는데, 우리에게는 그 전체 그림이 보이지 않기 때문입니다. 아니, 보여 준다 해도 이해할 수 없습니다.

비유하자면, 인간인 우리는 장기판에 올려진 말과 같습니다. 장기판에 올려진 말은 전체 그림을 볼 수 없습니다. 장기를 두는 사람은 전체 그림을 볼 수 있지만, 때로 그 사람도 승부에 너무 집착하다 보면 눈이 어두워집니다. 그때 일을 그르치게 됩니다. 장기판 전체를 제일 잘 볼 수 있는 사람은 훈수꾼입니다. 그 사람은 게임에 집착하지 않기 때문에 전체를 볼 수 있습니다. 전체를 보아야만 어떤 행동이 선인지 악인지 알 수 있습니다.

선과 악을 제대로 판단할 수 있으려면 적어도 다음의 세 가지 조건을 갖추어야 합니다.

첫째, 영적 세계와 물적 세계 전체를 볼 수 있어야 합니다.
둘째, 현재만이 아니라 먼 미래까지 볼 수 있어야 합니다.
셋째, 자신의 이해 관계에 붙들리지 말아야 합니다.

그러나 우리 모두는 이 셋 중 하나도 만족시키지 못합니다. 영적 세계는 고사하고 물질 세계에 대해서도 지극히 한정된 부분만 볼 수 있을 뿐입니다. 미래는 고사하고 현재도 제대로 파악하지 못합니다. 게다가, 우리는 자신이 연루된 게임에서 이기기 위해 집착합니다. 그러다 보니, 선이라고 판단한 것이 때로 악으로 판명되고, 악이라고 생각한 것이 나중에는 선으로 판명되기도 합니다.

주관적인 판단

「오두막」에는, 맥이 사라유와 함께 대화하다가 선악과에 대해 이야기하는 장면이 나옵니다. 맥이 선악과에 대해 말해 달라고 부탁하자, 다음과 같은 대화가 이어집니다.

> "우선 질문 하나 해 볼게요. 당신에게 어떤 일이 닥쳤을 때 그 일이 선인지 악인지 어떻게 판단하죠?"
>
> "음, 별로 생각해 보지 않았던 문젠데요. 아마도 내게 좋아 보이면, 다시 말하면 그것으로 인해 기분이 좋아지거나 안정감이 들면 선이라고 말할 것 같아요. 그와 반대로 나에게 고통을 주거나 그 대가로 내가 원하는 것을 내줘야 한다면 악이라고 생각하겠죠."
>
> "그렇다면 상당히 주관적이군요…선한 것과 악한 것을 분별하는 당신의 능력에 대해 어느 정도 확신하죠?"
>
> "솔직히 말해서, 나의 '선', 다시 말해서 내 마땅한 권리를 누군가가 위협한다면 당연히 화가 나겠죠. 하지만 실제로 어느 것이 선하고 악한지를 결정하는 논리적인 근거가 나에게 있는지는 잘 모르겠어요. 어떤 사람이나 사물이 내게 영향을 미칠 때는 말이 달라지죠. 말해 놓고 보니 죄다 이기적이고 자기중심적으로 보이네요. 지금까지 난 그다시 잘해 오지 못했어요. 처음에는 선하다고 생각했던 것 중에 알고 보니 지독히도 파괴적인 것으로 판명된 것도 있었고, 또 악하다고 생각했던 것 중에서도 나중에 알고 보니…"
>
> "그렇다면 당신이 선과 악을 결정하는군요. 당신이 심판자가 되는 셈이에요. 당신이 선하다고 판단했던 것이 시간이 지나고 환경이 바뀌면서 악으로 판명되니, 더욱 혼란스럽겠군요. 게다가, 무

> 엇이 선이고 무엇이 악인지 결정할 이들이 수십억 명이나 된다는
> 건 더더욱 혼란스러운 일일 테고요. 결국 당신의 선과 악은 다른
> 이의 선과 악과 충돌하고, 그 결과로 싸움과 논쟁이 일어나고, 심
> 지어는 전쟁까지 벌어지겠죠."*

결국, 선악과 이야기는 우리가 경험하는 악의 현실들이 왜 생겼는지를 가르쳐 줍니다. 아담과 하와는 하나님처럼 되어 선과 악을 스스로 판단하기를 원했습니다. 하지만 피조물인 인간에게는 선악을 판단할 능력이 없습니다. 사탄은 이런 약점을 이용하여 인간을 혼란시킵니다. 자신의 판단이 옳다는 헛된 자만심을 불어넣어 악을 행하는 데 거침이 없게 만듭니다. 사라유가 맥에게 말했듯이, 60억의 인구가 서로 이기적인 기준으로 선과 악을 판단하고, 자신이 선이라고 생각하는 것을 추구하며 살아갑니다. 미시를 살해한 살인범마저도 자신에게 선하다고 생각하고 그 악행을 저지른 것입니다.

악의 원천적인 책임은 자유의지를 부여하신 하나님에게 있다고 생각하는 이들이 적지 않습니다. 하지만 잘 생각해 보면, 참 뻔뻔한 책임전가 같습니다. 우리 중 누구도, 자유의지가 없이, 뇌 속에 주입된 프로그램에 따라 행동하는 존재가 되기를 원치 않습니다. 절대 자유, 절

---

* 「오두막」, pp. 211-212.

대 독립을 추구하며 종교의 굴레를 거부하는 사람들이 수없이 많습니다. 그 누구에게도 부림을 당하기를 원치 않습니다. 그 어떤 도덕률에도 예속되기를 원치 않습니다. 아무런 구속도 받지 않고 독립적인 인간으로서 자유를 누리며 살아가는 것이 우리 모두의 바람입니다. 리처드 도킨스(Richard Dawkins) 같은 무신론자들은 하나님 없이 살면서도 얼마든지 선을 실천할 수 있다고 호언장담합니다.

하지만 어디 정말 그렇습니까? 나의 자유는 다른 사람의 자유와 충돌하고, 나의 권리는 다른 사람의 권리와 충돌합니다. 나의 선은 다른 사람에게 악이 되고, 다른 사람의 선은 나에게 악이 됩니다. 이스라엘의 선은 팔레스타인 사람들에게 악이 되고, 팔레스타인 사람들의 선은 이스라엘 사람들에게 악이 됩니다. 탈레반 사람들이 선이라고 추구하는 것이 많은 이들에게는 악이 됩니다. 그렇게, 60억 가지 자유가 서로 충돌하여 악을 증폭시키고, 인간 현실은 갈수록 어려워지고 있습니다. 그렇게 해 놓고서 그 책임을 자유의지를 부여하신 하나님에게 돌리고 있습니다.

차를 가지고 나가 친구들과 놀던 아들이 밤 늦게 돌아오다가 그만 교통사고를 당했습니다. 그 아들이 아버지에게 이렇게 말했다 칩시다. "왜, 내가 차를 가지고 나가도록 허락하셨나요. 제게 차 키를 주지 않았다면 이런 일이 일어나지 않았을 거 아니에요?" 그러면 여러분의 심정이 어떻겠습니까? 혹은, 수없이 타이르고 때론 꾸중을 해도 공부에 게으르던 아이가 나중에 때가 늦어 버린 것을 깨닫고 부모에게 이렇게 말했다 칩시다. "왜, 그때 나를 그냥 내버려 두셨나요. 이럴 줄 알았다면, 때려서라도 공부하게 하셨어야지요." 그러면 여러분의 심정이 어떻겠습니까?

자유에 대한 우리의 태도가 어찌나 이렇게 일관된지, 놀라울 따름입니다. 자유를 빼앗기는 것은 죽기보다 싫어하면서, 정작 자신이 누린 자유로 인해 악한 결과가 생기면, 책임을 전가합니다. 정작 우리 자신의 욕심으로 인해 우리 자신의 힘으로 악행을 저지르면서, 그 책임을 하나님께 묻습니다. 왜 이런 악이 일어나게 했느냐고, 왜 이런 악이 일어나도록 놓아 두었느냐고, 그리고 심지어는 왜 처음부터 자유의지를 허락했느냐고 묻습니다.

독립은 없다

피조물인 인간에게 독립은 없습니다. 하나님으로부터 독립하고 싶다는 마음을 가지는 것은 속임수에 넘어간 것입니다. 피조물인 인간은 어떤 힘에든 예속될 수밖에 없습니다. 인간이 진실로 자유로울 수 있는 것은 자유케 하는 힘에 자신을 의탁할 때입니다. 스캇 펙은 사탄의 속임수 중 백미는 '사탄은 존재하지 않는다'고 믿게 하는 것이라고 했습니다만, 그와 맞먹는 또 다른 속임수는 '나는 독립적인 인간이 되어 완전한 자유를 누릴 수 있다'고 믿게 하는 것입니다. 그렇지 않습니다. 인간이 하나님에게서 독립하는 순간, 그 사람은 사탄의 세력에 노출되는 것입니다.

태초에 아담과 하와에게는 두 가지 선택이 있었습니다. 선악을 알게 하는 나무의 열매를 따 먹음으로써 스스로 하나님이 되는 것이 그 하나였습니다. 하나님도 아니면서 하나님의 역할을 하려 하니, 잘 될 리가 없었습니다. 여기서 모든 것이 엉키기 시작했습니다. 다른 하나의 선택은 선악을 판단하는 문제를 하나님께 맡기고 완전한 선의 근원이신 하나님 안에 거하며 그분의 인도하심을 따라 살아가는 것이었습니다. 그렇게 살아간다면 무엇이 선인지 악인지 분별하기 위해 힘쓸 이유가 없습니다. 그저, 하나님이 내 마음에 소원을 주시는 대로 행하면, 그것이 선이 되기 때문입니다.

다시, 소설 「오두막」으로 돌아가 봅시다. 맥이 사라유에게, 인간의 악의 문제를 해결할 방법이 무엇이냐고 묻습니다. 그러자 사라유가 대답합니다. "당신은 자신의 기준에 따라 선과 악을 판단하려는 권리를 포기해야 해요. 내 안에서만 살겠다고 선택한다는 것이 당장은 쓰디쓴 약을 삼키는 것 같겠죠. 당신은 나를 신뢰할 만큼 나를 충분히 알아야 하고, 내 속에 있는 선을 의지하는 법도 배워야 해요."* 사라유의 말대로, 악의 문제를 해결하는 길은 하나님으로부터 독립한다는 꿈을 버리는 데서 시작합니다.

「오두막」에서 저자 폴 영은, 이 같은 철저한 신뢰의 삶을 완전하게 사신 분이 바로 예수님이라고 소개합니다. 파파가 맥에게 한 말에서

---

* 「오두막」, p. 214.

그 사실이 잘 드러납니다. "예수는 완전히 인간이죠. 그는 완벽한 신이지만 신의 본성으로는 어떤 일도 하지 않았어요. 그는 오로지 나와의 관계 속에서 살아 왔고, 내가 모든 인간과의 관계에서 바라는 바로 그 방식대로 살고 있어요. 그가 최초로 그 일을 완벽하게 이루었죠. 자신 안에 거하는 나의 생명을 절대적으로 신뢰한 첫 번째 사람이고, 겉모습이나 결과는 신경 쓰지 않고 오로지 나의 사랑과 선함만을 믿는 첫 번째 사람이죠."*

이 진실은 나중에 예수 자신의 입에서 다시 한 번 확인됩니다. "나의 삶은 그대로 따라해야 할 본보기로 의도된 것이 아니죠. 나를 따른다는 것은 '예수처럼' 되는 것이 아니라, 당신의 독립성이 소멸된다는 뜻입니다. 생명, 진정한 생명, 바로 나의 생명을 당신에게 주려고 내가 왔어요. 우리는 당신 안에서 우리 삶을 살 것이고, 그러면 당신은 우리 눈을 통해서 보고, 우리 귀로 듣고, 우리 손으로 만지고, 우리처럼 생각하게 됩니다. 하지만 우리는 당신에게 그런 연합을 절대로 강요하지 않아요. 지금은 당신이 원하는 대로 해도 됩니다. 결국은 당신도 그것을 원하게 될 테니까요."**

성부, 성자, 성령, 삼위의 하나님과 하나가 되는 것, 그 하나됨의 관계 속에서 우리 마음과 영혼이 하나님의 마음에 융화되는 것, 그리고 그로 인해 하나님의 선과 의와 진리가 우리에게 흘러 들어오게 하는

---

* 「오두막」, p. 154.
** 「오두막」, pp. 238-239.

것, 바로 그것이 아담과 하와가 선악을 알게 하는 나무의 열매를 따 먹음으로써 상실한 삶의 방법입니다. 그리고 예수 그리스도께서 이 땅에 오셔서 그 삶의 방법을 우리에게 회복시켜 주셨습니다.

항복 그리고 신뢰

우리는 모두 아담과 하와의 영적 유산을 이어받은 사람들입니다. 우리에게도 아담과 하와가 탐했던 욕망이 있습니다. 하나님께 예속되어 살기보다는 독립하여 살고 싶고, 스스로 심판자가 되어 선악을 분별하며 살고 싶고, 스스로 인생의 주인이 되어 보고 싶은 욕망 말씀입니다. 창세기에 나오는 선악과 이야기는 우리 자신 안에 있는 그 불순한 욕망을 보라는 뜻입니다. 그 욕망을 따름으로써 상실한 것이 무엇인지를 생각해 보라는 뜻입니다.

예수 그리스도는 우리에게 오셔서 아담과 하와가 선악과를 따 먹음으로써 잃어버린 그 삶을 회복하는 길을 열어 주셨습니다. 바울 사도의 말이 옳았습니다. "한 사람이 순종하지 않음으로 말미암아 많은 사람이 죄인으로 판정을 받았는데, 이제는 한 사람이 순종함으로 말미암아 많은 사람이 의인으로 판정을 받을 것입니다"(롬 5:19). 아담과 하와가 행한 선택으로 인해 죄악이 세상에 들어왔습니다. 하지만 예수 그리스도는 그 죄악을 소멸하는 삶을 스스로 사셨고 또한 그 삶의 길을 우리에게 열어 주셨습니다.

예수님이 열어 주신 그 길을 바울 사도가 걸었습니다. 갈라디아서

2:19-21에 그 증거가 드러납니다. 이 본문을 유진 피터슨은 「메시지」에 이렇게 번역해 놓았습니다.

> 실제로 일어난 일을 말하자면 이렇습니다. 나는 율법을 지키려고 애쓰고 하나님을 기쁘시게 해드리려고 고심했지만, 뜻대로 되지 않았습니다. 그래서 나는 "율법의 사람"이 되기를 포기했습니다. 그것은 "하나님의 사람"이 되기 위해서였습니다. 그리스도의 삶이 내게 방법을 일러 주었고, 그렇게 살도록 해주었습니다. 나는 그리스도와 나를 완전히 동일시했습니다. 정말로 나는 그리스도와 함께 십자가에 못 박혔습니다. 이제 내 자아는 더 이상 내 중심이 아닙니다. 나는 더 이상 여러분에게 의롭게 보이거나 여러분에게서 좋은 평판을 얻고 싶은 마음이 없습니다. 나는 더 이상 하나님께 좋은 평가를 얻어야 한다는 강박관념이 없습니다. 그리스도께서 내 안에서 살고 계십니다. 여러분이 보는 내 삶은 "나의 것"이 아니라, 나를 사랑하시고 나를 위해 자기 목숨을 내어주신 하나님의 아들을 믿는 믿음으로 살아가는 삶입니다. 나는 이 삶을 저버리지 않을 것입니다.*

예수님을 만나기 전, 바울은 율법을 연구하여 무엇이 선인지를 분별할 수 있다고 생각했습니다. 그래서 '율법의 사람'이 되었습니다. 하지만 그것으로는 무엇이 선인지를 제대로 알 수도 없었고, 선을 안다

---

* 「메시지: 신약」(복있는사람).

해도 그것을 행할 수가 없었습니다. 그는 다마스쿠스로 가는 길에서 예수 그리스도를 만나고 나서 새로운 길을 발견했습니다. 그 만남을 통해 바울은 선과 악을 분별할 수 있다는 모든 자신감을 내려놓았고 선을 행하는 사람으로 살겠다는 모든 열심도 내려놓았습니다. 그는 오직 성령 안에서 예수 그리스도와 연합하여 사는 일에 전심했습니다. 그렇게 살아가면서 바울은 확인했습니다. 거기에 다 있음을 말입니다. 그것이면 다 되는 것을 말입니다.

그러므로 참된 길은 독립이 아니라 항복(surrender)에 있고 신뢰(trust)에 있습니다. 그것이 진정한 자아 실현의 길이며, 선과 악을 분별하는 길이며, 하나님의 뜻을 실천하며 사는 길입니다. 하나님으로부터 독립하려는 꿈을 버리고 그분께 항복하는 사람들이 많아질 때, 악의 현실은 점점 줄어 갈 것입니다. 첫 사람 아담으로 시작된 혼란한 선악의 역사가 우리 안에서 종식되기 위해, 예수 그리스도를 주님으로 영접하고 성령의 능력 안에 머물러 하루하루 그 능력에 사로잡혀 살아가야 합니다.

마지막으로, 감리교회의 창시자 존 웨슬리의 "언약의 기도"(the Covenant Prayer)를 소개합니다. 이는 존 웨슬리와 초기 감리교도들의 신앙을 가장 잘 표현한 기도문입니다. 이 기도가 우리의 기도가 된다면, 그리고 이 기도가 우리의 삶 속에서 이루어진다면, 예수 그리스도께서 사셨던 그 철저한 신뢰의 삶, 바울 사도가 살았던 그 영적 하나됨의 삶이 우리에게도 이루어질 것입니다.

언약의 기도

저는 더 이상 제 것이 아니라, 주님의 것입니다.
주님이 원하시는 일에 저를 붙들어 매시고,
주님이 원하시는 사람들에게 저를 붙이소서.
저로 행하게 하소서.
저에게 고난을 주소서.
저를 주님께서 고용하소서.
저를 주님의 처분에 맡깁니다.
주님을 위해서라면 저를 높이시고
주님을 위해서라면 저를 낮추소서.
저를 채우기도 하시고,
비우기도 하소서.
저에게 모든 것을 주기도 하시며,
또한 제게서 모든 것을 가져가기도 하소서.
제 모든 것을 주님의 기쁨을 위해 쓰시도록
기꺼이 그리고 마음 다해 드립니다.
오, 영광스럽고 복되신 하나님,
성부, 성자, 성령이시여,
저는 주님의 것이요, 주님은 저의 것입니다.
그렇게 되게 하소서.

제가 이 땅에서 맺은 이 언약을
하늘에서도 확증하여 주소서.
아멘.

말씀 묵상
갈라디아서 2:19-21을 읽습니다. 본문에 나오는 말씀 가운데 나에게 가장 울림이 있는 말씀을 생각해 봅니다.

토론 질문
선과 악에 대해 혼란스러웠던 경험이 있다면 나누어 보십시오. 선악을 아는 능력이 하나님에게만 있다는 진실을 확인해 보십시오.

바울의 고백을 생각해 보십시오. 그리스도와의 일치를 평가해 본다면, 당신은 몇 점 정도 연합하여 살고 있습니까? 그 점수를 더 높이기 위해 무엇을 해야 할까요?

기도
바울 사도처럼 그리스도와 연합하여 살아가는 삶을 위해 기도하십시오.

8장
하나님이 다스리신다

2010년 1월 아이티에서 일어난 지진의 참상을 직접 경험한 분의 이야기를 들을 기회가 있었습니다. 짐 걸리 목사(Rev. Jim Gulley)는 제가 소속된 연합감리교회 선교국에서 아이티에 파송한 선교사로, 캄보디아, 나이지리아, 아이티 등 저개발 국가에서 농업과 지역사회 개발 프로그램을 도와 왔습니다. 올해 64세인 그는 아이티 지진이 일어났을 때 연합감리교회 선교사 두 명과 함께 포토프랭스의 몬태나 호텔에 있었습니다.

지진이 발생하자 호텔이 무너졌고, 이 세 명의 선교사들은 다른 세 명과 함께 무너진 건물 더미에 깔려 무려 55시간 동안 갇혀 지냅니다. 그들 중 두 사람은 심한 부상을 입었습니다. 길고 긴 고통과 어둠의 시간이 지난 후, 여섯 명 모두 구출되었는데, 부상이 심했던 샘 딕슨 목사(Rev. Sam Dixon)와 클린트 랩 목사(Rev. Clint Rabb)는 회복되지 못하고 세상을 떠납니다.

걸리 목사는 55시간 동안 그 어둠과 절망 가운데 있었던 경험을 겸손하고 진실하게 이야기했습니다. 아무것도 할 수 없는 공간에서 그들은 이틀 하고도 반 일 동안 서로를 격려해 가며 버티었습니다. 돌아가며 기도를 하고, "내게 강 같은 평화" 같은 찬송을 부르기도 했습니다. 걸리 목사는 그들의 감정이 희망과 절망 사이를 오가는 롤러코스터와 같았다고, 솔직하게 고백했습니다. 하지만 그 폐허 속에서도 그들은 여전히 하나님이 이 세상을 다스리고 계시며, 어떤 일이 닥친다 해도 그들의 미래는 안전하다는 믿음을 포기하지 않았다고 합니다.

걸리 목사는 이런 상황에서 "왜 접니까"(Why me?)라고 묻기보다는 "무엇을 해야 합니까"(What to do?)라는 질문을 던져야 한다고 말했습니다. 살아남은 자로서 아이티의 비극에 대해 우리가 무엇을 해야 하는지를 물어야 한다는 것입니다. 자신이 살아남은 것은 다른 두 선교사보다 더 나은 무엇이 있기 때문이 아니라, 오직 이유를 알 수 없는 무조건적인 선물이며, 그렇기 때문에 남겨진 시간 동안 자신의 삶을 아이티의 회복을 위해 헌신할 것이라고 고백했습니다.

체득하는 믿음

걸리 목사와 그 일행의 믿음이 당신에게는 어떻게 보입니까? 5층 건물의 폐허 더미 아래에서 꼼짝 없이 구조의 손길을 기다려야 했던 그들은, 여전히 하나님이 이 세상을 다스리고 계시다고 믿고 기도했습니다. 그렇게 믿고 기도했더니 기적적으로 구출되었다는 이야기가 아닙니다. 그렇게 믿고 기도한 사람들 중 두 사람은 끝내 목숨을 건지지 못했습니다. 하지만 짐 걸리 목사의 증언에 의하면, 그들도 의식을 잃을 때까지 하나님을 믿는 믿음 안에 머물러 있었다고 합니다. 이 믿음이 당신의 눈에는 어떻게 보입니까?

따지고 보면, 그들이 갇혀 있던 그 현장이야말로 다음 세 가지 추론이 가장 그럴듯하게 느껴질 법한 상황입니다.

1. 하나님은 존재하지 않는다.
2. 하나님이 존재한다 해도 그분은 인간의 불행을 막을 능력이 없다.
3. 하나님에게 그럴 능력이 있다 해도, 그분에게는 그럴 뜻이 없다.

그런데 그들은 그런 상황에서 가장 그럴듯하지 않은 믿음을 붙들고 있었습니다.

지진이 나고 호텔이 무너지고 우리가 그 건물 더미에 깔렸어도 하나님은 여전히 이 세상을 다스리시며 우리를 사랑하신다.

어찌 보면 맹목적인, 완고한, 그리고 구제불능의 믿음처럼 보이지 않습니까? 이 믿음이 어처구니 없어 보이는 분들도 있겠지만, 실은 믿음이 이 정도에 이르러야만 세상을 이길 수 있습니다. 제게는 걸리 목사의 믿음이 놀라워 보입니다. 제가 만일 그런 상황에 처한다면, 제 믿음도 그렇게 흔들리지 않았으면 좋겠습니다. 상황에 따라 롤러코스터처럼 오르락내리락 하는 감정에 속지 않고, 견고한 믿음 위에 견고히 버티고 설 수 있으면 좋겠습니다. 그것이 예수 그리스도께서 십자가 위에서 보여 주신 믿음입니다. 그분은 절대 고독의 깊은 수렁에서도 하나님이 다스리고 계시다는 사실을 의심하지 않았습니다.

어떻게 하면 이 같은 믿음 위에 설 수 있을까요? 세상이 모두 뒤죽박죽인 것 같고, 모든 것이 우연과 사고의 연속인 것 같으며, 인생에는 아무런 뜻도 없어 보이는 상황에서도, "하나님이 다스리신다"(God is in control)라는 믿음 위에 견고히 서려면 어떻게 해야 할까요?

제게는 이 질문에 대한 모범 답안이 없습니다. 아마도, 그 누구에게도 그런 것은 없을 것입니다. 믿음이란 어떤 공식이나 비법을 배워 얻을 수 있는 것이 아니기 때문입니다. 믿음은 하나님과의 관계입니다. 비법이란 오직, 하나님과 친밀하고 깊이 있는 관계 안에 살면서 그분에 대해 더 많이 경험하여 알아 가는 것밖에 없습니다. 지식으로 배워 안 믿음이 아니라, 하나님을 직접 경험하면서 체득한 진리가 필요합니다. 그 진리가 영적인 눈을 뜨게 하고, 그 눈으로 세상을 보면, 하나님이 다스리시는 것이 보입니다. 그것이 성숙한 믿음입니다.

콘트롤 버튼으로 다스리시는 하나님?

믿음은 체험을 통해 체득하는 것이지만, 그래도 하나님이 이 세상을 다스리신다는 믿음을 견고하게 하는 데 도움이 되는 일이 몇 가지 있습니다. 특히, 하나님이 다스리신다는 진리를 의심하게 만드는 잘못된 사고 방식이 여럿 있는데, 그것을 조심해야 합니다. 저는 오늘 그 중 세 가지만 다루면서 은혜를 나누려고 합니다.

첫째, '다스린다'는 말에 대한 우리의 오해를 수정해야 합니다. '이머징 처치'(Emerging Church)라는 새로운 형식의 갱신 운동을 주도하고 있는 브라이언 맥클라렌(Brian McLaren)의 저서 「새로운 그리스도인이 온다」(A New Kind of Christian, IVP)에서 눈이 확 뜨이는 대목을 읽었습니다. 그는, "하나님이 이 세상을 다스리신다"라는 말을 들을 때 현대인들이 상상하는 것과 고대인들이 상상하는 것 사이에 상당한 거리가 있다는 점을 지적합니다. 그의 생각을 정리하면 다음과 같습니다.

고대인들은 "하나님이 다스리신다"라는 말을 들을 때, 목동이 양을 치는 것이나 농부가 농작물을 기르는 것 혹은 부모가 자녀를 양육하는 것을 상상했을 것입니다. 좋은 목동은 양을 풀밭으로 인도하고, 자유롭게 풀을 뜯으며 놀게 만듭니다. 가끔 문제를 일으키는 양이 있으면 잘 타이르고 길들입니다. 때로 채찍을 들기도 하지만, 그것은 예외입니다. 양이 병들면 완치될 때까지 목동은 함께 아파하며 치료를 돕습니다. 고집을 피워 목동 곁을 떠나 짐승의 밥이 되는 양도 있습니다. 목동이 최선을 다해도 그런 일을 완전히 막을 수는 없습니다. 하지만 목동은 그 같은 일이 일어나지 않게 하려고 최선을 다합니다. 그것이 목동이 양을 다스리는 법입니다. 자유를 최대한 허용하면서 애정 깊은 관계를 가꾸고 그 관계 속에서 다스리는 것입니다.

반면, 현대인들이 "하나님이 이 세상을 다스리신다"라는 말을 들을 때는 컴퓨터의 '콘트롤 키' 혹은 기계의 '콘트롤 버튼'을 상상합니다. 기계에 문제가 생겼을 때 콘트롤 버튼을 누르면 모든 것이 정지됩니다. 그리고 다시 한 번 누르면 정상으로 가동됩니다. 컴퓨터의 콘트롤 키는 많은 기능을 가집니다. 콘트롤 키와 다른 키를 함께 누르면 원하는 작업을 즉각 해결할 수 있습니다. 콘트롤 키를 누를 때, 누른 사람의 기대와 다른 결과가 나올 수 없습니다. 이렇게 콘트롤 키에 익숙한 현대인들은 "하나님이 다스리신다"는 말을 들을 때면 저 하늘 어디선가 60억 개의 콘트롤 버튼을 쥐고 기계실에 앉아 조종하는 신을 생각하기 쉽습니다.

바로 여기에, 현대인들이 "하나님이 다스리신다"는 믿음에 곤란을 느끼는 이유 중 하나가 있다는 것입니다. 하나님이 콘트롤 버튼을 눌러 아이티에 지진을 일으켜서 20만 명에 가까운 생명을 한 순간에 희생시켰다고 생각하니, 그 하나님을 인정하기 어렵습니다. 반면, 하나님이 이 세상을 다스리고 계신다면, 몬태나 호텔이 무너져내릴 때 당신을 위해 희생하고 헌신하는 선교사들을 보호하기 위해 콘트롤 버튼 하나 누르지 않았다고 생각하면, 그 하나님도 받아들이기 어렵습니다.

하나님은 온 우주를 다스리시고 또한 인간 세상을 다스리십니다. 저와 당신을 다스리십니다. 기계 다루듯 다스리는 것이 아니라, 애정 깊은 부모가 자녀들을 양육하듯, 혹은 성품 좋은 목동이 양들을 다스리듯, 관계를 통해 다스리십니다. 애정 깊은 부모와 성품 좋은 목동은 함부로 간섭하지 않고, 제 마음대로 강요하지 않고, 조급하게 나서지 않습니다. 때로 위험을 보아도 자녀들이 그 위험을 겪어 내기를 바라면서 아픈 마음으로 지켜보고 기다립니다. 가장 좋은 양육은 자유의지를 선하게 활용하여 거침 없고 구김살 없이 자라는 것임을 압니다. 그러기에 그 자유의지를 오용할 것이 뻔히 보임에도 불구하고 믿고 맡기고 지켜보는 것입니다. 그 대신, 관계를 깊고 단단히 하기 위해 노력합니다. 바로 그것이 하나님의 마음입니다. 바로 그것이 하나님의 통치 방법입니다.

하나님은 자연의 순환 법칙에 따라 일어나는 지진이나 태풍, 산불 같은 것을 막지 않으십니다. 그것은 악이 아닙니다. 길게 보면, 그것은 모두에게 필요하고 유익한 것입니다. 다만, 그로 인해 피해를 입는 사람들에게 악으로 보이는 것입니다. 하나님은 또한 인간들이 악의를 가지고 저지르는 범행을 완력으로 막으시지 않습니다. 칼을 쥔 팔목을 잡거나, 날아가는 총알을 휘게 하지 않으십니다. 지진으로 무너져 내리는 건물 더미를 멈추지 않으십니다. 그것이 당장은 유익해 보일지 몰라도, 그런 식으로 이 세상을 다스리는 것은 바른 방법이 아닙니다. 하나님은, 지애로운 부모가 자녀늘의 자유를 최대한 허용하면서 관계를 통해 다스리는 것처럼, 자연 법칙과 자유의지에 모든 것을 맡겨 두고 관계를 통해 다스리기를 선택하셨습니다. 그렇다고 하여 기적이 없다는 것은 아닙니다. 뒤에서 보겠지만, 하나님은 비상의 조치를 허락하기도 하십니다. 하지만 그분의 일상적인 통치 방식은 관계를 통한 것입니다.

왜 저입니까?

둘째, 하나님이 다스리신다는 사실이 때로 의심스러워지는 이유는 주로 어려움을 당할 때 이 질문을 제기하기 때문입니다. 좋은 일이 생겼을 때는 자기가 잘난 덕이라고 생각하면서, 어려움에 봉착하면 하나님을 원망합니다.

아서 애시(Arthur Ashe)는 전설적인 테니스 선수입니다. 그는 1960-70년대를 주름잡던 선수였습니다. 모든 테니스 선수들의 꿈인 그랜드 슬램에서 세 번이나 우승을 했고, 그중 한 번은 최고의 권위를 자랑하는 윔블던에서의 우승이었습니다. 그런데 그렇게 잘 나가던 그가 갑작스러운 심장 마비로 두 번이나 수술을 받습니다. 엎친데덮친 격으로, 수술 동안에 잘못 수혈을 받아 에이즈에 걸립니다. 아서 애시는 1993년, 그의 나이 50세에 세상을 떠납니다.

그가 에이즈에 걸린 것이 알려졌을 때, 그는 전 세계 팬들로부터 수많은 편지를 받았다고 합니다. 그중 한 편지에는 다음과 같은 질문이 적혀 있었습니다. "왜 하나님은 그처럼 나쁜 병을 위해 당신을 선택해야 했습니까?" 아서 애시가 에이즈를 하나님의 뜻으로 받아들이기로 했다는 소식이 알려진 후 누군가가 보낸 편지였습니다.

이 질문에 대해 아서 애시는 다음과 같이 대답합니다.

전 세계적으로 5,000만 명의 어린이들이 테니스를 칩니다. 그중 500만 명이 테니스를 정식으로 배웁니다. 그중 50만 명이 직업 선수가 됩니다. 그중 5만

명이 리그전에 참여합니다. 그중 5,000명이 그랜드슬램 대회에 참여할 자격을 얻습니다. 그중 50명이 윔블던에 참여할 자격을 얻습니다. 그중 네 명이 준결승에 진출하고, 그중 두 명만이 결승전에 갑니다. 제가 윔블던 우승컵을 들었을 때, 저는 '왜 접니까?'라고 묻지 않았습니다.

그의 회고록「은총의 나날들」(Days of Grace)에서 아서 애시는 에이즈에 걸리고 나서 많은 질문을 가져 보았으나, "왜 접니까?"라는 질문은 한 번도 제기하지 않았다고 씁니다. 어느 기자가 그에게 그 이유를 물었습니다. 그러자 아서 애시가 이렇게 대답합니다.

만일 제가 심장마비 혹은 에이즈에 걸린 것을 두고 '왜 접니까?'라고 묻는다면, 제가 받은 축복에 대해서도 '왜 접니까?'라고 물어야 하고, 그것을 누리는 제 권리에 대해서도 질문을 해야 합니다. 1975년 윔블던 대회에서 우승을 한 다음 날, 저는 제가 받은 축복에 대해 '왜 접니까?'라고 물었어야 합니다.… 만일 저의 승리에 대해 '왜 접니까?'라고 묻지 않았다면, 저의 실패와 재앙에 대해서도 '왜 접니까?'라고 묻지 말아야 합니다.

보호받을 권리

셋째, 우리는 하나님께 사랑받고 보호받을 '권리'가 있는 것처럼 생각하는 경향이 있습니다. 마치 하나님이 우리에게 빚을 지고 계신 것처럼 말입니다. 우리는 하나님께 마땅히 사랑받을 권리가 있고, 하나님은 우리를 사랑하고 돌보아 주어야만 할 책임이 있는 것처럼 생각합니다. 그래서 하나님이 다스리신다는 것에 의문을 가지게 됩니다.

「오두막」에 보면, 맥도 이런 생각을 드러냅니다. 선악과에 대해 이야기하다가 맥이 사라유에게 묻습니다. "미시는 보호받을 권리가 없었나요?" 아무리 생각해도 그 귀여운 아이에게는 하나님에게 보호받을 만한 충분한 권리가 있을 것 같습니다. 하지만 사라유의 대답은 단호했고, 심지어는 냉담하게 들릴 정도입니다. "없었어요. 아이는 사랑받기 때문에 보호받는 것이지 처음부터 보호받을 권리가 있는 건 아니에요." 이 대답에 맥은 큰 충격을 받습니다. 그 대목을 소설은 이렇게 묘사하고 있습니다.

> 사라유의 대답에 그는 일손을 멈추었다. 명확히 알 수는 없었지만, 그녀가 방금 한 말은 온 세상을 뒤집어엎는 것 같았고, 그는 흔들리지 않고 버티어 서기 위해 힘써야 했다.*

사라유의 말은 진실로 우리들의 세계관을 송두리째 뒤집어엎는 것입니다. 하나님께 사랑받고 보호받을 권리가 우리에게 있는 것처럼 생각하는 데는 별로 예외가 없기 때문입니다. 사라유의 말대로, 하나

---

* 「오두막」, p. 215.

님이 우리를 사랑하시기에 보호해 주시는 것이지, 우리에게 보호받을 권리가 있어서 혹은 그럴 만한 자격이 있어서 그러시는 것이 아닙니다. 그런데 우리는 아무 근거도 없이 우리에게 그럴 자격이 있는 것처럼 생각하고 그 권리를 주장합니다. 그런 생각으로 당당하게 하나님의 개입을 요구합니다. 그러다가 거절되는 것 같으면, 하나님이 없다는 둥, 하나님이 무능하다는 둥, 혹은 하나님에게 사랑이 없다는 둥, 불평을 합니다.

욥기 42장에 나오는 욥의 마지막 고백이 바로 그 심정을 담고 있습니다. 성경 66권 중에서 가장 자주 오용되는 책이 욥기입니다. 많은 사람들이 욥기의 처음과 끝만 읽고, 그 중간에 나오는 욥과 세 친구의 대화를 건너뜁니다. 그렇게 읽고는, 욥은 견딜 수 없는 엄청난 재앙을 당하고도 모든 것을 하나님의 뜻으로 받아들여 결국에는 더 많은 축복을 받았다고 설명합니다. 그러나 그것은 왜곡입니다. 욥과 세 친구의 대화를 읽어 보면, 욥은 자신이 당하는 고난을 받아들이지 못합니다. 그럴만한 이유가 없다고 항변합니다. 자신에 대한 하나님의 처분이 부당하다고 항변합니다.

그 긴 대화 끝에 하나님이 직접 욥에게 나타나 말씀하십니다. 그것이 욥기 38장부터 41장까지 길게 나옵니다. 마치 참고 참았던 말을 한꺼번에 쏟아놓는 사람처럼, 하나님은 욥이 대답할 틈을 찾지 못할 만큼 끊임없이 말씀을 쏟아놓으십니다. 그 말씀의 요지는 이런 것입니다. "내가 누구인지를 아느냐? 내가 온 우주를 창조할 때 너는 어디에 있었느냐? 모든 지혜의 근원인 나에게 네가 논쟁을 하자는 것이냐? 네가 나에게 무슨 권리라도 있다고 생각하느냐? 너는 누구냐? 네가 지금 말하고 있는 상대가 누구인지 알고나 있느냐?"

한껏 교만하고 완악해져 있던 욥은 하나님의 임재 앞에서 무릎을 꿇습니다. 그는 심히 떨면서 이렇게 대답합니다.

잘 알지도 못하면서, 감히 주님의 뜻을 흐려 놓으려 한 자가 바로 저입니다. 깨닫지도 못하면서, 함부로 말을 하였습니다.···주님이 어떤 분이시라는 것을, 지금까지는 제가 귀로만 들었습니다. 그러나 이제는 제가 제 눈으로 주님을 뵙습니다. 그러므로 저는 제 주장을 거두어들이고, 티끌과 잿더미 위에 앉아서 회개합니다. (욥 42:3, 5-6)

이렇듯, 하나님을 제대로 만나고 나면, 아니, 그분의 존귀와 영광과 위엄을 조금이라도 경험하고 나면, 그분이 어떤 처분을 하신다 해도 아무것도 다툴 것이 없고, 항변할 것도 없음을 깨닫게 됩니다. 욥이 고백한 것처럼, 잘 알지도 못하면서 말한 것에 대해 회개하게 됩니다. 아무런 권리도 없으면서 마치 하나님에 대해 큰 권리가 있는 사람처럼 행동한 것을 회개하게 됩니다. 마치 하나님의 약점이라도 잡은 것처럼 혹은 하나님께 받을 빚이라도 있는 것처럼 행동한 것에 대해 회개하게 됩니다.

위대하신 하나님을 경험하라

이 대목에서 저의 뇌리에 깊이 남아 있는, 오래 전 경험을 나누고 싶습니다. 캐나다 토론토에 살면서 공부와 목회를 겸하고 있을 때의 일입니다. 벌써 20년도 더 된 이야기입니다. 당시에 저는 온타리오 호수 옆에 있는 아파트에 잠시 살고 있었습니다. 어느 날, 밤 깊은 시간에 바람을 쏘이면서 호숫가에 앉아 있었습니다. 칠흑 같은 어둠 속에 저 홀로였습니다. 끝이 보이지 않는 수평선, 거대하고 깊은 호숫물, 그리고 그 위에 펼쳐진 거대한 하늘과 별들이 한눈에 들어왔습니다.

그 순간, 저는 하나님의 위대하심을 가슴 벅차게 경험합니다. 동시에 저 자신이 얼마나 초라한 존재인지를 절감합니다. 그 밤에 제가 그 호수에 빠져 죽는다 해도 이 세상에는 아무런 변화도 일어나지 않을 것이 분명했습니다. 제가 방금 전에 호수로 던져 넣은 돌멩이나 저 자신이 별로 다르지 않다는 느낌이 들었습니다. 온 우주의 창조주이신 하나님에게 저는 아침에 피었다가 저녁에 지는 꽃과 다를 것이 없다 싶었습니다. 그 순간에 벼락이 떨어져 그 자리에서 죽는다 해도 저는 아무런 항변할 말이 없는 존재라는 생각이 들었습니다.

그런데 그와 동시에 또 다른 생각이 제 뇌리를 뚫고 들어왔습니다. 제가 어릴 때부터 들었던 복음의 말씀이 기억난 것입니다. 그 위대하신 하나님이 돌멩이와 별로 다를 것이 없는 나를 지으시고 구속하시고 사랑하시고 돌보신다는 것이 사실이라면, 그것은 진실로 감당할 수 없는 은혜라는 생각이 들었습니다. 눈시울이 쩡해 왔습니다. 그분이 제 이름을 아시고, 제 머리카락 수까지 헤아리고 계시며, 이사야의 말씀(49:16)처럼, 제 이름을 그분의 손에 새기셨다고 생각하니, 저 자신의 자격 없음이 더욱 분명하게 드러나고, 또한 하나님의 은혜가 더욱 놀랍게 느껴졌습니다.

그렇게 경험하고 보니, 사랑에 빚진 사람은 하나님이 아니라 저였습니다. 권리가 있다면, 제가 아니라 하나님께 있었습니다. 뭔가를 할 책임이나 의무가 있다면 저에게 있는 것이지, 하나님에게 있는 것이 아니었습니다. 그러므로 하나님이 저를 어떻게 하시든, 저는 아무런 할 말이 없다 싶었습니다. 하나님으로부터 그 어떤 축복이나 사랑을 받을 자격도 제게는 없기 때문입니다. 설사 재앙이 닥친다 해도 제가 할 말은 오직 "주님 뜻대로 하옵소서"일 뿐입니다. 사실, 하나님이 저를 기억하지 않으신다 해도, 저를 사랑하지 않으신다 해도, 저를 영원한 불구덩이에 던져 넣으신다 해도, 저는 할 말이 없습니다.

다만, 우리는 예수 그리스도를 통해 들은 그 복음을 믿습니다. 우리에게 아무런 자격도 권리도 없으나, 하나님이 우리를 사랑하시기로 결정하셨다는 복음입니다. 우리에게는 아무런 자격도 권리도 없으나 우리를 사랑하시기에 우리를 보호하시고 돌보신다는 복음입니다. 그 복음 앞에 설 때마다 우리는 묻습니다. "왜 접니까? 제게 무슨 자격이 있다고 이 은혜를 주십니까?" 우리는 예수 그리스도의 복음 앞에서 이렇게 감격하고, 이렇게 항복하고, 그래서 우리의 모든 것을 드리기를 결단합니다.

제가 "왜 접니까?"라고 물을 때는 재앙이 닥칠 때가 아니라 일이 잘 되고 있을 때입니다. 저는 때로 축복이 두렵습니다. 평안이 두렵습니다. 문제 없이 일이 잘 될 때, 저는 두렵습니다. 제 믿음을 자랑하는 말로 들릴까 염려됩니다만, 진심으로 제게 그런 자격이 없음을 알기 때문입니다. 하나님이 제게 그렇게 해주실 아무런 이유가 없음을 알기 때문입니다. 그래서 그 이유 없는 은혜, 그 놀라운 은혜, 그 두려운 은혜를 찬송하고 감사하며, 그 은혜를 갚기를 소망합니다.

하나님이 존재하지 않는 것 같고, 하나님이 계신다 해도 무능한 것 같고, 능력이 있다 해도 무관심한 것 같은 상황을 우리는 자주 경험합니다. 짐 걸리 목사에게 일어났던 일처럼 말입니다. 하지만 그럴 때라도 우리는 "하나님이 여전히 이 우주와 세상과 우리를 다스리신다"는 믿음을 잃지 말아야 하겠습니다. 그것이 진실이기 때문입니다.

이 믿음을 더욱 견고하게 하기 위해 앞에서 말한 그릇된 사고 방식들을 고쳐 나가야 하겠습니다. 하나님의 다스림을 의심하게 하는 잘못된 생각들은 더 많이 있겠지만, 이 세 가지만 고쳐도 하나님이 다스리시는 모습을 훨씬 선명하게 볼 수 있을 것입니다. 하나님은 우리를 다스리시되 기계를 조종하는 것처럼 하시는 것이 아니라, 목동이 양을 기르듯, 혹은 부모가 자녀를 양육하듯 관계 속에서 다스리신다는 것을 기억해야 합니다. 또한 어려울 때만이 아니라 잘 될 때에도 하나님을 기억하는 습관을 길러야 하겠습니다. 그리고 하나님 앞에서 우리가 어떤 존재인지를 체험을 통해 깨달아야 합니다. 그렇게 된다면,

언제 어떤 상황에서든 하나님의 다스리심을 믿는 믿음이 더해 갈 것입니다.

우리 주님께서 십자가의 고통을 견디시면서도 결코 놓지 않았던 그 믿음, 그리고 걸리 목사가 죽음의 문턱에서 55시간 동안 붙들고 있었던 그 믿음, "상황이 어떻든지 상관 없이 하나님은 여전히 다스리신다"는 그 믿음이 당신의 존재의 터전이 되기를 간절히 기원합니다. 그 믿음으로써 악의 현실 앞에서 움츠러들지 않고 견고히 서서 선으로 악을 이길 수 있기를 기원합니다.

주님,
주님께서 다스리십니다.
주님만이 왕이십니다.
저희 눈을 뜨게 하소서.
주님이 다스리시는 것을 보게 하시고
믿게 하소서.
그 믿음으로써
이리 가운데 서 있는 어린 양과 같은 저희가
선으로 악을 이기게 하소서.
아멘.

말씀 묵상

욥기 42:1-6을 읽습니다. 욥의 심정에 대해 의견을 나누어 봅시다.

토론 질문

'다스린다'는 단어의 의미에 대해 당신은 어떻게 이해하십니까? 그것은 하나님의 다스리심에 대한 당신의 이해에 어떤 도움(혹은 장애)이 됩니까?

당신은 어떤 경우에 하나님을 제일 많이 생각하십니까? 아서 애시의 일화를 기억하면서 반성해 보십시오.

기도

천재지변과 전쟁, 내전과 질병으로 인해 고통 중에 있는 나라와 사람들을 위해 기도합시다. 또한 폐허 속에서도 흔들리지 않는 믿음, 뿌리 깊은 믿음을 가질 수 있도록 기도합시다.

3부
땅은 하늘로 가득하다

"그렇다, 찬란한 광채를 놓치게 되는 것은
바로 그대들의 외면한 낯 때문이다."

9장
하나님의 손은 부드럽다

「오두막」에 대해 연속 설교를 하던 중, 어느 교우로부터 꽤 심각한 질문을 하나 받았습니다. 그분은 대수롭지 않은 듯 혹은 농담인 듯 질문을 던지셨지만, 사실 그것은 묵직한 질문이었습니다. 그 질문의 요지는 이렇습니다. "우리가 보통 여행을 떠날 때, 오는 길 가는 길에서 보호해 달라고 기도하지 않습니까? 하나님이 연쇄살인범으로부터 미시를 보호하지 못하셨다면, 여행을 앞두고 기도하는 것이 무슨 의미입니까?" 이 질문을 던지신 분은 제가 대답할 겨를도 주지 않고 씩 웃으며 자리를 떠나셨습니다. 하지만 이 질문은 오랫동안 저를 놓아 주지 않았습니다.

여행을 떠나기 전에 간절히 기도한다고 해서, 음주 운전자가 통제력을 잃고 나를 향해 질주해 오는 것을 하나님이 강한 손을 펴시어 잡아채는 일은 일어나지 않습니다. 하늘에 구멍이 뚫린 듯 비가 내려 수해가 걱정될 때, 우리는 비가 그치게 해 달라고 기도합니다. 하지만 하나님이 강한 손을 펼치셔서 내리는 비를 '뚝' 그치게 하는 경우는 거의 일어나지 않습니다. 자녀가 이라크나 아프가니스탄에 파병된 부모는 매일같이 그를 위해 기도합니다. 하지만 그런다고 하여 그를 향해 날아오는 폭탄의 파편을 하나님이 낚아채지 않으십니다. 학업을 위해 집을 떠난 자녀들을 위해 하루도 빠짐 없이 기도하는 부모님들이 많습니다. 하지만 그 기도 때문에 탈선의 현장으로 달려가는 자녀의 차를 하나님이 돌려 세우지 않으십니다. 큰 병에 걸렸을 때, 우리는 치유를 위해 간절히 기도합니다. 그러나 그 기도로 인해 진행되던 병이 멈추는 일은 잘 일어나지 않습니다. 이럴 때, 우리는 '기도가 무슨 소용인가?'라고 질문하게 됩니다.

하나님은 인간에게 자유의지를 부여하셨습니다. 인간이 스스로 선택하면서 인생을 살아가도록 허락하셨다는 뜻입니다. 또한 이 세상에는 자연 법칙을 두셨습니다. 하나님이 개입하지 않더라도 우주가 제 스스로 돌아가도록 만드셨다는 뜻입니다. 그러므로 특별한 경우가 아니고는 인간의 삶과 우주의 운행에 강력한 손으로 개입하지 않으십니다. 그런 경우가 다반사가 된다면 창조주인 당신이 세우신 질서를 당신 자신의 손으로 허물어 버리는 결과가 되기 때문입니다. 인간에게 자유의지를 주신 이유도, 자연에 법칙을 부여하신 이유도 모두 의미가 없어집니다.

그렇다면 과거 이신론자들(Deists)들이 믿었듯이, 인간과 우주를 창조하신 분은 우주 저 편으로 물러나 팔짱을 끼고 제 스스로 돌아가는 모습을 보고만 계실까요? 아닙니다. 하나님은 인간의 삶과 우주의 운행에 지속적으로 관여하십니다. 다만, 강한 손을 펼쳐서 개입하신다기보다는, 대부분의 경우 부드러운 손으로 활동하십니다.

하나님이 강한 손을 펼치실 때

때로는 하나님이 강한 손을 펼치십니다. 2천 년 전, 유대 청년 사울에게 일어난 일을 생각해 봅시다. 그는 아주 헌신적인 유대교인이었습니다. 명석한 두뇌와 율법에 대한 탁월한 식견, 하나님을 향한 뜨거운 열심으로 사울은 지도자가 되었습니다. 그는 자신이 그토록 사랑하는 유대교를 오염시키는 이단자들을 보고만 있을 수 없었습니다. 독버섯처럼 자라나고 있는 '예수당'은 그중에서도 가장 참을 수 없는 이단이었습니다. 사울은 예루살렘에 사는 예수당원들을 색출해 냈고, 그것도 성에 차지 않아 대제사장의 칙서를 손에 쥐고 다마스쿠스를 향해 달렸습니다.

그때, 하나님은 강력한 손을 펼쳐 그의 길을 가로막으십니다. 사울과 그 일행은 태양빛보다 더 환한 빛을 보고 모두 땅에 고꾸라집니다. 그러자, 부활하신 주님이 나타나셔서 의심할 수 없이 분명한 음성으로 말씀하십니다. 이렇게 사울의 인생의 궤도는 바뀌게 됩니다. 불가항력적인 힘에 압도되어 사울은 변신합니다. '예수당'의 앞잡이가 된 것입니다. 유대교인들 편에서 보면 배신이요 변절이며, 예수당 편에서 보면 전향입니다. 그는 '바울'이라는 헬라식 이름으로 당시 로마 도시들을 두루 다니며 예수의 복음을 전했고, 오늘날 신약 성경 안에

묶여져 있는 많은 편지들을 남겼습니다.

질병의 경우도 그렇습니다. 병 낫기를 위해 기도할 때, 때로 하나님은 강한 손을 펼치셔서 기적적인 치유를 일으키십니다. 몇 달 전, 예배 후 어느 여성 교우께서 기도를 부탁하러 오셨습니다. 그분은 경제적으로도 매우 어렵고 의료 보험도 없었습니다. 눈물을 글썽이면서 말씀하십니다. 몇 주일 전부터 하혈을 하는데 너무 두렵고 힘겹다고. 저는 같이 있던 목회자들과 함께 그분에게 손을 얹고 간절히 기도드렸습니다. 애끊는 마음으로 기도했습니다. 두 주일 후, 그분이 찾아오셨습니다. 기도를 받은 그날로 하혈이 멈추었다는 것입니다. 바로 알리고 싶었지만, 경과를 보고 확실해질 때까지 기다렸다는 것입니다.

이 대목에서 제가 섬기는 교회의 한 장로님의 이야기를 나누려 합니다. 장로님은 조지타운 대학교 의과대학 임상병리학 교수를 지내셨고, 은퇴 후에는 한림대 의대를 창설하는 데 이바지하신 분입니다. 임상병리학 교수는 수술 환자의 상태를 분석하여 수술 지시서를 씁니다. 이분이 조지타운 대학교에서 일하실 때, 때로 집도의가 수술 지시서를 보고 이견이 있어도, 그분이 쓴 지시서라고 하면 군말없이 수술을 했다고 합니다. 그만큼 의학적으로 실력을 인정받는 분입니다.

평생을 의학자로 사신 장로님은 질병에 관한 한 기적을 인정하지 못하셨습니다. 사람들이 기적적인 치유를 받았다고 하면, '우리가 알지 못해서 그렇지, 뭔가 이유가 있었을 거야. 기적 같은 것은 없어!'라고 생각하셨다고 합니다. 그런데 얼마 전 그런 생각이 바뀐 사건이 일어났습니다. 장로님이 허리 통증이 생겼는데, 증상이 심해서 수술을 하게 되었습니다. 장로님은 가까운 교회 새벽기도회에 늘 나가시는데, 그 문제를 두고 하나님께 기도하셨습니다. 어찌할 수 없는 지경에 이르니, 믿지도 않는 기적을 달라고 기도하신 것입니다. 먼저 하나님의 부르심을 받으신 아내의 무덤을 매일 찾아가시는데, 무덤 곁에서 이렇게 넋두리 같은 기도도 자주 드리셨답니다. "당신, 거저 나보다 하나님에게 더 가까이 있으니까나, 빽 좀 쓰자우야. 제발 이 통증 좀 제거해 달라구, 하나님께 부탁 좀 해 줘. 아님, 나를 그만 데려가시든지. 이거, 뭐, 이래 가지고야 어떻게 살갔니?"

하지만 증상은 점점 더 악화되었습니다. 드디어 수술 날짜가 다가왔습니다. 의사를 만나기로 한 날 아침, 일어나기 위해 침대 밑에 둔 지팡이를 찾았습니다. 지팡이를 잡으려고 손을 뻗으려면 허리가 아팠기에 조심조심 손을 뻗었습니다. 그런데 이게 웬일입니까? 통증이 느껴지지 않는 겁니다. 이상한 느낌에 조용히 몸을 일으켜 봅니다. 지팡이 없이는 일어나지 못했던 몸이 가뿐하게 일으켜집니다. 이번에는 일어나 방 안을 걷습니다. 통증이 완전히 사라셨습니다. 밖에 나가 걸어 봅니다. 전 날 저녁까지 두 손에 지팡이를 잡고 이를 악물고 걸었던 몸입니다. 그런데 이게 웬일입니까? 몸이 깃털처럼 가볍고 바람처럼 자유로운 겁니다.

통증이 완전히 사라졌다는 것을 확인하고 나서 장로님은 분석을 시작하십니다. 그 같은 갑작스러운 변화가 일어날 만한 이유가 있었는지 병리학적으로 꼼꼼히 따져 봅니다. 생활 습관이 바뀌었거나, 음식에 변화가 있었거나, 새로운 약을 먹었거나, 무슨 이유가 있을 것이라고 생각하셨습니다. 하지만 아무런 이유도 찾을 수 없었습니다. 결국, 장로님은 평생 지니고 있던 신념을 포기하셨고, 그 일 이후로 기적 전도사가 되셨습니다. 기적은 일어난다고 전파하고 다니십니다.

하나님의 손은 부드럽다

이런 이야기만 듣다 보면, 하나님이 강한 손으로 기적적인 일을 만들어 내시는 일이 다반사인 것같이 느껴집니다. 그러나 하나님은 더 많은 경우에 부드러운 손으로 일하시고, 속삭이는 음성으로 말씀하시며, 긴가민가한 방법으로 활동하신다는 것을 기억해야 합니다. 하나님은 그렇게 하기로 선택하셨습니다. 그렇기 때문에 기도로써 하나님의 강한 손을 구하고 기적적인 간섭을 구하는 사람에게 그분은 종종 귀 먹은 듯, 침묵하시는 듯, 무능력한 듯 보입니다. 그럴 때 우리는 질문하게 됩니다. "기도가 무슨 소용인가?"

하지만 여전히 기도는 소용이 있습니다. 기도할 이유는 있습니다. 하나님은 드러나지 않게 활동하시며, 보이지 않게 움직이시고, 들리지 않게 말씀하시고, 느껴지지 않게 만지시기 때문입니다. 요한계시록 3:20에 이런 말씀이 나옵니다.

보아라, 내가 문 밖에 서서, 문을 두드리고 있다.

누구든지 내 음성을 듣고 문을 열면,

나는 그에게로 들어가서 그와 함께 먹고,

그는 나와 함께 먹을 것이다.

이 말씀을 들을 때 여러분은 어떤 이미지가 떠오릅니까? 원하는 것을 들어주지 않았다고 투정하면서 자기 방문을 걸어 잠그고 들어가 버린 어린아이를 생각해 봅시다. 그럴 때, 우리는 어떻게 합니까? 문을 부수고라도 들어가고 싶지 않습니까? 부모는 그렇게 할 힘이 있습니다. 하지만 그것은 지혜로운 해결책이 아닙니다. 힘을 쓰는 대신, 인내하고 기다려야 합니다. 우리의 조급한 성미로는 매우 어렵지만 말입니다.

성부 하나님, 성자 예수님, 그리고 성령 하나님, 성삼위 하나님은 우리와 다릅니다. 그분은 우리와는 비교할 수 없이 강한 분이십니다. 우리의 마음 문 정도는 문제도 아닙니다. 우리가 마음의 문을 열기까지 기다릴 필요도 없습니다. 예루살렘의 어느 다락방에서 제자들이 문을 잠그고 숨어 있을 때, 부활하신 주님께서 홀연히 그 한가운데 나타나신 것처럼, 하나님은 잠겨진 우리 마음 문을 건드리지도 않고도 우리 마음 안으로 들어오실 수 있습니다. 하지만 그 모든 능력을 억누르시고 우리가 스스로 마음의 문을 열 때까지 기다리십니다. 마냥 기다리시는 것이 아니라, 잊을 만하면 한 번씩, 들릴 듯 말 듯한 소리로 두드리십니다.

주님이 문 밖에 서서 문을 두드리시는 이미지는 1907년 런던 뒷골목에서 아편 중독의 무숙자로 죽은 프랜시스 톰슨(Francis Thompson)의 시, "하늘의 사냥개"(The Hound of Heaven)의 한 구절을 생각나게 합니다. 가톨릭 신부가 되기로 서원했다가 스스로 적합하지 않다고 여겨 다른 길로 들어선 톰슨은 결국 하나님을 떠나고 아편 중독자가 됩니다. 하지만 하나님을 떠나 있는 동안에도 그는 그분이 자신을 따라다시니며 돌아서기를 촉구하시는 음성을 듣습니다. 자신을 찾는 하나님의 추적을 톰슨은 이렇게 표현하였습니다.

추적하지만 결코 서두르지 않는
침착한 발걸음으로
정확히 계산된 속도로
긴박하지만 위엄 있는 기품으로
걸어오는 그 발자국 소리가 들립니다.
그리고 발자국 소리보다 더 긴박하게 들리는
한 음성이 들립니다
"네가 나를 등졌기에
만물이 네게 등진 것이다."

하나님은 좀처럼 서두르지 않으십니다. 천둥 같은 목소리로 우리를 위압하거나, 문을 뚫고 침입해 들어오시는 경우가 별로 없습니다.

우리가 악행을 결심하고 달려간다 해도 쉽사리 우리의 발목을 걸어 넘어뜨리시지 않으십니다. 하지만 하나님은 결코 우리를 포기하지 않으십니다. 그분은 결코 우리를 떠나지 않으십니다. 미풍처럼 부드러운 음성으로, 따뜻한 손길로 우리와 함께하시고 인생 여정을 같이 걸으십니다.

아름다운 마지막

이렇게 하나님을 이해할 때, 우리는 언제 어떤 상황에서도 기도하게 됩니다. 우리의 기도가 하나님의 전격적이고 기적적인 개입으로 응답되지 않는다 하더라도 계속 기도할 수 있고, 우리의 기도가 땅에 떨어지지 않았음을 믿을 수 있습니다. 하나님의 강한 손이 펼쳐지지 않았을지라도, 그분의 부드러운 손이 움직이고 있음을 믿기 때문입니다. 그분의 강한 손이 움직여 병이 뿌리째 뽑힌다면 좋겠지만, 그분의 부드러운 손이 움직여 그 질병의 고통을 견뎌내고 끝까지 믿음을 지키도록 도와주는 것도 선한 일임을 믿기 때문입니다.

목사로서 저는 교우들의 임종을 자주 지켜보게 됩니다. 지난 몇 달 동안에도 저는 세 분의 특별한 임종을 경험했습니다. 파킨슨병으로 3년 이상 침상에 누워 눈빛으로만 의사 소통을 하다 가신 원로 장로님, 2년간의 암투병 끝에 우리 곁을 떠나신 집사님, 그리고 갑작스러운 발병으로 인해 속수무책으로 떠나보내야 했던 또 다른 장로님이 계셨습니다. 이분들의 치유와 회복을 위해 개인적으로 그리고 공동체적으로 많은 기도를 올렸습니다. 하지만 그 많은 기도가 하나님의 기적적인 개입을 이끌어내지 못했습니다. 그러나 우리는 그 기도가 그분들에게 어떻게 역사했는지를 분명히 보았습니다.

침상에 누워 하루하루 어려운 싸움을 하셨던 한 장로님은 믿음에서만큼은 결코 약해지지 않으셨습니다. 가끔 방문하여 기도를 드릴 때면 몸에 남아 있는 힘을 모두 끌어모아 "아멘!" 하고 응답하셨습니다. 지내시기 어렵지 않으신지 여쭈어 보면, 검지 손가락 하나를 펴서 하늘을 가리키십니다. 하나님이 함께하신다는 뜻이었습니다. 하나님의 부드러운 손길이 그분을 붙들고 있었습니다.

암 투병을 하다가 떠나가신 집사님의 마지막은 잊을 수가 없습니다. 임종 예배를 드릴 때, 그분은 감당하기 힘든 고통에도 불구하고 입을 벌려 소리 없는 찬송을 부르셨습니다. 그분이 제게 남긴 마지막 말씀은 "나는 부족하여도…"입니다. "하늘 가는 밝은 길이"라는 찬송가의 3절 가사입니다. "나는 부족하여도 영접하실 터이니 영광 나라 계신 임금 우리 구주 예수라." 집사님은 그렇게 하나님의 은혜를 감사하면서 그분의 품에 안기셨습니다.

임종 예배가 끝나고 집사님은 침상에 고요히 누워 계셨습니다. 항암 치료로 인해 머리카락이 다 빠진 그분을 보고 있는데, 문득 렘브란트의 성화 "탕자의 귀향"이 생각 났습니다.

베개에 돌려 누운 그 집사님의 머리 모양이 아버지의 품에 안긴 둘째 아들의 머리 모습과 너무도 닮았기 때문입니다. 그 순간, 저는 거룩한 전율에 사로잡혔습니다. 하나님이 보이지 않는 부드러운 손으로 그 집사님을 안고 계시다는 것을 느낄 수 있었습니다.

보내드릴 준비도 제대로 못 했는데 홀연히 떠나버린 또 한 분의 장로님은 많은 이들에게 사랑을 한없이 퍼 주셨습니다. 그랬기에 그분의 병환 소식을 듣고 많은 이들이 눈물로 기도했습니다. 당신도 하나님의 기적적인 치유를 믿으셨고 그것을 구하셨습니다. 하지만 하나님은 그렇게 응답하지 않으셨습니다. 얼마나 안타까웠던지, "저렇게 선한 종을 왜 하나님은 내버려 두시는 것이냐?"라고, 제게 항의한 분도 계십니다. 하지만 하나님이 그분을 내버려 둔 것이 아님을, 저희는 그분의 마지막 가시는 모습에서 명료하게 보았습니다.

인간의 이성과 믿음을 모두 마비시킬 만큼 공포스러운 고통에도 불구하고 장로님은 마지막 순간까지 "나 이제 주님의 새 생명 얻은 몸"을 부르시면서 보는 이들의 마음을 울리셨습니다. 그분을 치료하던 호스피스 의사는 장로님의 평안한 모습을 보고, 이런 환자는 처음이라고 고백했습니다. 의식과 무의식을 넘나들던 어느 날, 의사가 장로님께 물으셨습니다. "Where are you, Mr. Yang?"(양 선생님, 지금 어디에 계십니까?) 의식이 있는지를 확인하기 위한 질문이었습니다. 의사가 기대한 대답은 "우리 집입니다"였겠지만, 장로님은 씩 웃으시며 "I am in heaven"(저는 하늘 나라에 있습니다)이라고 답하셨습니다. 그분이 그렇게도 좋아하시던 찬송가를 삶으로 그대로 사신 것입니다. "영생을 맛보며 주 안에 살리라. 오늘도 내일도 주 함께 살리라."

사무엘을 부른 목소리

많은 경우 하나님은 이렇게 부드러운 손으로 역사하십니다. 속삭이는 음성으로 말씀하십니다. 그분이 함께하신다는 것이 긴가민가 할 때가 많습니다. 우리는 그분의 부드러운 손을 느낄 수 있는 영적 감각이 필요합니다. 그분의 부드러운 음성을 들을 수 있는 영적 귀가 필요합니다. 아지랑이와 같은 그분의 임재를 볼 수 있는 영적 눈이 필요합니다. 예수님은 "들을 귀가 있는 사람은 들어라" 혹은 "볼 눈이 있는 사람은 보아라"라고 하셨는데, 그 눈과 귀가 우리에게 있어야 합니다.

구약에 나오는 어린 사무엘의 이야기를 생각해 봅시다. 사무엘상 3장에 기록된 이야기입니다. 사무엘은 한나의 가슴 아픈 기도에 하나님이 응답하셔서 태어난 '미라클 베이비'였습니다. 한나는 젖을 떼자 사무엘을 제사장 엘리에게 맡겨 하나님을 섬기도록 했습니다. 그는 밤낮으로 성전에서 지냈습니다. 그의 잠자리는 하나님의 궤를 모신 곳이었습니다.

그가 아직 어릴 때의 일입니다. 어느 날 새벽, 사무엘은 자신의 이름을 부르는 목소리를 듣습니다. 속삭이듯 부르는 그 음성은 제사장 엘리 같습니다. 하지만 엘리는 그를 부른 적이 없다고 말합니다. 다시금 잠을 청하려고 잠자리에 들었는데, 음성이 또 들립니다. 사무엘은 다시 엘리에게 갔으나, 이번에도 대답은 같았습니다. 같은 일이 세 번째 반복되자 엘리가 말합니다. "가서 누워 있거라. 누가 너를 부르거든 '주님, 말씀하십시오. 주님의 종이 듣고 있습니다' 하고 대답하여라"

(9절). 엘리의 추측이 옳았습니다. 그 음성은 바로 하나님의 속삭임이 었습니다.

사무엘에게 들린 그 음성은 천둥과 같지도, 사자의 포효와 같지도 않았습니다. 앞이 제대로 보이지 않을 정도로 노쇠한 엘리의 음성으로 착각할 만큼, 하나님은 속삭임으로 말씀하셨습니다. 지혜로운 엘리가 어린 사무엘에게 권고한 것은 하나님의 속삭임을 들을 수 있도록 귀를 준비하라는 것이었습니다. 때로 하나님은 우레와 같은 음성으로 말씀하기도 하지만, 더 많은 경우 들릴 듯 말 듯한 소리로 영혼의 귀에 말씀하십니다.

이 이야기에 기초하여 만들어진 기도문이 있습니다. 작자 미상의, "사무엘의 귀를 주소서"(O, give me Samuel's ear)라는 제목의 기도문입니다.

오, 사무엘의 귀를 주소서.
오, 주님,
당신의 속삭이는 밀씀을
하나도 놓치지 않고 듣도록
살아 있고 민첩한
열린 귀를 주소서.
주님의 부름에 응답하고
주님께 우선 순종한

사무엘처럼.

아멘.

이런 귀를 가지면 언제나, 어떤 상황에서든 기도할 수 있습니다. 하나님이 침묵하시는 것 같을 때에도 그분은 여전히 말씀하신다는 것을 믿기 때문입니다. 이런 눈을 가지면 항상 기뻐하고 쉬지 않고 기도하며 범사에 감사할 수 있습니다. 하나님이 계시지 않는 것 같을 때에도 우리와 함께하시는 것을 믿기 때문입니다. 이런 믿음을 가지면 절망적인 상황에서도 기도할 수 있습니다. 보이지 않지만, 드러나지 않지만, 분명히 역사하시고 인도하심을 믿기 때문입니다. 당장 병이 낫지 않더라도 자신이 하나님의 임재 안에 있음을 알기 때문입니다.

영성의 바퀴

우리가 진실로 그러한 영적 감각을 지니기 원한다면, 무엇보다 먼저 우리의 '영성의 바퀴'를 점검해 보아야 합니다. 우리의 영적 생활을 끌고 가는 큰 바퀴는 세 개입니다. 이 세 바퀴가 모두 튼튼하게 잘 돌아갈 때, 영적 생활은 진보하며 우리는 '볼 눈'과 '들을 귀'를 가질 수 있습니다. 하나님의 부드러운 손길을 감지할 수 있습니다. 첫째 바퀴는 '개인 영성 생활'입니다. 이는 매일매일 하나님과 나누는 깊은 교제를 말합니다. 둘째 바퀴는 '영적 교제'입니다. 뜻을 같이하는 사람들이 함께 모여 삶을 나누며 신앙의 여정을 같이 걷는 것입니다. 셀,

목장, 속회, 구역회 등 다양한 이름으로 불리는 교회 내의 소그룹을 통해 이것을 경험할 수 있습니다. 혹은 두세 사람이 지속적으로 만나 영적 교제를 나눌 수도 있습니다. 성경공부나 독서 모임에서도 이 같은 교제를 경험할 수 있습니다. 셋째 바퀴는 '공적 예배'입니다. 구약 시대로부터 성경은, 믿는 사람은 '하나님의 백성'에 속한 지체임을 분명히 하고 있습니다. 하나님은 한 지역에 있는 믿는 사람들이 모여 예배를 드림으로 하나님의 백성으로 형성되기를 기대하십니다. 영감 깊은 공적 예배를 통해 하나님은 영광 받으시고 우리 영혼의 눈은 밝아지고 마음의 귀는 예민해집니다.

나의 영적 감각은 얼마나 예민한지 점검해 봅시다. 우리 영성의 바퀴에 바람을 넣고 기름을 치며, 균형이 잘 잡혀 있고 튼튼한지 점검합시다. 그러면 든든한 영성의 세 바퀴로 영적 여행을 즐길 수 있을 것입니다. 매일매일 주님의 부드러운 손이 만지시는 것을 볼 것입니다.

주님,
때로 주님의 강한 손을 경험하게 하소서.
때로 불꽃 같은 주님의 임재를 보게 하소서.
때로 뇌성과 같은 주님의 음성을 듣게 하소서.
하지만 더 자주
주님의 부드러운 손을 경험하게 하시고,
아지랑이 같은 주님의 임재를 보게 하시며,

주님의 속삭임을 듣게 하소서.
저희 영성의 바퀴에
바람을 넣어 주시고
기름을 칠해 주시어
매일같이 신나게 달리게 하소서.
아멘.

말씀 묵상
사무엘상 3:1-9을 읽습니다. 어린 사무엘의 심정을 생각해 보십시오.

토론 질문
하나님의 '강한 손'을 경험한 일이 있는지, 또는 하나님의 '부드러운 손' 혹은 '미세한 속삭임'을 경험한 일이 있는지 생각해 보고 그 경험을 나누어 봅시다.

당신의 '영성의 바퀴'는 어떤 상태인지 점검해 보고 새로운 다짐을 해 봅시다.

기도
하나님의 '강력한 손'이 필요한 사람들을 위해 함께 기도하십시오.

'사무엘의 귀'를 얻도록 기도하십시오.

10장
내 하나님은 늘 낯설다

소설 「오두막」이 많은 독자들로부터 뜨거운 찬사를 받는 데는 삼위의 하나님을 세 인물을 통해 잘 그려낸 점도 주요한 기여를 했습니다. 작가는 성부, 성자, 성령이 어떻게 '따로 또 같이' 활동하시는지를 세 등장인물을 통해 보여 줍니다. 삼위일체와 같은 복잡한 교리를 말로 설명하다 보면 여러 모순과 왜곡이 일어납니다. 그러다 보면 의문점이 해소되는 것이 아니라 더 많아지는 것 같기도 합니다. 이 어려운 문제를 이야기로 다루었다는 점에서 이 소설은 아주 큰 도움이 됩니다. 그런데 바로 이 점 때문에 적지 않은 독자들이 이 소설에 강한 거부감을 느끼기도 합니다.

보이지 않는 어떤 것을 보이는 모습으로 그리려 하면, 어쩔 수 없이 왜곡되는 부분이 생깁니다. 하물며 하나님을 우리와 비슷한 사람을 통해 그리려 했으니, 받아들이기 어려운 부분이 왜 없겠습니까? 적어도 삼위일체 교리에 관한 한, 그 누구도 '모순이나 오류가 전혀 없는 설명'을 할 수 없습니다. 그러므로 독자는 이런 글을 읽을 때 작가가 어떤 점을 표현하기 위해 그렇게 그렸는지를 물어야 합니다. 그러지 않으면 작가의 의도를 오해하기 쉽습니다.

주인공 맥은 오두막에서 성부인 파파, 성자 예수 그리고 성령 사라유를 만나, 2박 3일 동안 동거하며, 그들과 '함께' 그리고 '각각' 대화하면서 상처를 치유받습니다. 이 과정에서 독자들은 파파와 예수와 사라유가 서로 하나가 되어, 같은 목적을 위해, 기쁘고 행복하게 일하는 모습을 보게 됩니다. 그 셋은 분명히 구분되는 개별적인 인격체들인데, 동시에 셋은 한 마음 한 뜻으로 서로 통하고 서로 사랑하고 서로를 위해 일합니다. 이 이야기를 읽어 가는 동안, 독자들은 삼위일체의 신비를 '느껴' 이해하게 됩니다. 그것이 저자의 의도입니다.

저는 앞으로 몇 장에 걸쳐 폴 영이 만든 이야기와 이미지를 바탕으로 하여 삼위일체 하나님에 대해 이야기할 것입니다. 이 장에서는 먼저 소설 「오두막」에서 성부 하나님과 성자 예수님 그리고 성령 하나님이 각각 어떻게 묘사되어 있는지를, 작가의 인물 설정이라는 시각에서 살펴보려 합니다.

파파

첫째, 성부 하나님을 가리키는 파파에 대해 생각해 봅시다. 맥이 오두막에서 만난 세 인물 중에서 독자들에게 가장 충격을 주는 것은 이 흑인 여성입니다. 오래전에 개봉된 코미디 영화 "브루스 올마이티"(Bruce Almighty)에서는 흑인 배우 모건 프리먼(Morgan Freeman)이 하나님 역을 맡았습니다.

그 영화를 보면서 저는, 감독이 꽤 용기 있는 선택을 했다고 생각했습니다. 거룩하신 하나님이 흑인으로 나타나시다니, 적지 않은 백인들에게, 특히 인종차별적인 의식을 가진 백인들에게는 어색한 설정이었을 것입니다. 그런데 폴 영은 한 술 더 뜹니다. 성부 하나님은 흑인 여성으로 나타납니다. 어느 면에서 보더라도 어머니의 역할을 하고 있는 그 여성은 자신을 '파파'라고 부르라고 합니다. '마마'라고 불러야 옳을 법한데 말입니다! 독자들은 여기서 아주 어색한 느낌을 받게 됩니다.

이것은 저자가 의도적으로 고안한 것입니다. 저자는 독자들이 하나님에 대해 가지고 있는 편견을 깨뜨리려 했음이 분명합니다. 여러분도 아시다시피, 성부 하나님을 '아버지'로 부르는 전통은 신구약을 통틀어 성경에서 뿌리가 깊습니다. 예수님도 하나님을 '아바'라고 부르라고 가르쳐 주셨습니다. 하지만 그렇다고 해서 하나님이 남성이라는 뜻은 아닙니다. 이는 믿는 사람과 성부 하나님 사이의 관계에 대한 은유입니다. 하나님은 성을 초월하시는 분입니다. 그런데 우리는 하나님을 '아버지'라고 부르는 전통을 오해하여 부지불식간에 그분을 남성으로 착각하는 것입니다.

맥이 오두막을 향해 떠나기 전에 친구 윌리와 대화를 나누는 대목이 나옵니다. 친구 맥이 하나님을 만날 것을 기대하고 있음을 눈치 챈 친구가 묻습니다. "하나님이 나타난다면 어떤 모습일 거라고 생각하나?" 그러자 맥이 이렇게 대답합니다. "모르겠네. 환하게 발광하는 빛이거나 불타오르는 나무일 수도 있겠지. 톨킨의 소설「반지의 제왕」에 나오는 간달프처럼, 허옇고 긴 턱수염을 휘날리는, 몸집 큰 할아버지와 비슷하지 않을까, 뭐 그런 생각을 해 왔네."*

맥이 실제로 하나님을 간달프나 KFC 할아버지처럼 생각했다면 그의 하나님 이해는 유아기적인 단계에 있었다고 할 수 있습니다.

여러분 중에는 이렇게 생각하는 분이 아무도 없을 것입니다. 예수님이 말씀하신 대로, 하나님은 영이십니다(요 4:24). 물질이 아닙니다. 하지만, "영이신 하나님이 사람의 모습으로 나타난다면 어떤 모습으로 나타날 것이라고 생각합니까?"라고 묻는다면, 여러분은 어떻게 대답하시겠습니까? 아마도 맥의 대답과 별로 다르지 않을 것입니다.

그런데 그 하나님이 오프라 윈프리(Oprah Winfrey) 같은 모습으로 나타난 겁니다. 혹은 우피 골드버그(Whoopi Goldberg) 같은 모습으로 나타난 겁니다.

그러니 놀라지 않을 수가 없는 겁니다. 맥의 반응이 바로 그러했습니다. 파파를 만나고 나서 맥은 이렇게 생각합니다. '내가 미쳐 가는 걸까? 썰렁한 유머 감각을 지닌 저 뚱뚱한 흑인 여자를 과연 성부 하나님이라고 믿어야 하는 걸까?' 많은 독자들이 이 대목에서 맥과 같은 느낌을 받습니다. 뉴저지에 사는 제 친구 바바라는 제게 보낸 편지에

---

*「오두막」, p. 110.

서, 하나님을 이렇게 그리는 것은 그분에게 결례를 범하는 것 같고, 심지어는 그분을 모독하는 것처럼 느껴진다며 거부감을 드러냈습니다.

의도된 거부감

이러한 거부감은 작가가 의도한 것임에 분명합니다. 그러니까 제 친구 바바라는 작가의 문학적 올무에 걸린 것입니다. 바바라만이 아니라 수많은 독자들이 여기서 걸려 넘어졌습니다. 이 어색하고, 심지어 불쾌하기까지 한 하나님의 이미지를 통해 저자는 우리에게 무엇을 기대한 것일까요? 그 이유를 파파는 맥에게 이렇게 설명합니다.

> 매켄지, 남자나 여자나 모두 나의 본성에서 나왔지만 나는 남자도 여자도 아니에요. 내가 당신에게 남자나 여자로 '보이고자' 한다면, 그건 당신을 사랑하기 때문이죠. 내가 여자로 나타나서 당신에게 파파라고 부르라고 제안한 건 단순히 은유들을 뒤섞이게 하고, 또 당신이 종교적인 고정관념에 쉽게 빠지는 것을 막으려는 의도죠. 내가 간달프처럼 턱수염을 휘날리며 거구의 백인 할아버지로 나타났다면 당신의 종교적인 고정관념이 더욱 강화되었겠죠. 하지만 이번 주말은 당신의 고정관념을 강화하기 위한 시간이 아니랍니다.*

---

* 「오두막」, p.142.

무슨 말입니까? 우리가 하나님에 대해 가지고 있는 선입견들을 심각하게 반성해 보라는 것입니다. 근거 없는 편견은 없는지, 우리가 믿는 신이 우리의 바람으로 만든 우상은 아닌지 반성해 보라는 것입니다. 하나님은 그 어떤 편견에도 갇힐 수 없는 분입니다. 하나님은 당신을 드러내실 때 그 어떤 모습도 취하실 수 있습니다. 하지만 하나님은 그 모든 것을 합친 것보다 훨씬 더 큰 분이십니다. 온 우주의 창조자이신 하나님은 우리의 작은 머리로 상상할 수 있는 것보다 훨씬 더 큰 분이십니다.

그러므로 진실로 살아 계신 하나님, 온 우주의 창조자이신 하나님, 예수 그리스도께서 '아바'라고 부르셨던 성부 하나님을 생각할 때, 우리는 모든 선입견을 내려놓고 하나님이 스스로를 드러내시는 방법에 따라 늘 새롭게 그분을 만날 준비를 해야 합니다. 내가 바라는 모습의 하나님, 내가 배워 온 모습의 하나님을 고집해서는 안 됩니다. 그렇게 굳어진 생각 속에 자신을 가둔 믿음은, 살아 계신 하나님이 아니라 '하나님이라는 이름의 우상'을 섬기는 일이 되고 맙니다.

살아 계신 하나님을 믿는 것과 우상을 믿는 것 사이에는 근본적인 차이가 있습니다. 살아 계신 하나님을 믿는 사람은 하나님과의 만남을 통해 계속 변화합니다. 하나님을 만날수록 그분의 새로운 면을 알아 가게 되기 때문입니다. 그렇게 하나님은 우리의 편견과 아집과 오해와 불신앙을 치료하십니다. 반면, 우상을 믿는 사람은 아무것도 변하지 않습니다. 믿음이 더 강해질지 모르지만, 그 믿음으로 인해 그 사람이 변하지는 않습니다. 그가 섬기는 '하나님이라는 이름의 우상'은 늘 같은 모습이기 때문입니다.

시편 139편은 성경에 나와 있는 하나님에 대한 고백 중 가장 심오한 예에 속합니다. 어떻게 해서 시인이 이 같은 고백에 이르게 되었는지 알 수 없지만, 그는 살아 계신 하나님의 아주 작은 흔적을 체험하고 목격했음에 틀림이 없습니다. 시인은 자신이 하나님 앞에 얼마나 작은 존재이며, 그에 비해 하나님은 얼마나 놀라운 존재이신지를 고백합니다.

내가 주님의 영을 피해서 어디로 가며,
주님의 얼굴을 피해서 어디로 도망치겠습니까?
내가 하늘로 올라가더라도
주님께서는 거기에 계시고,
스올에다 자리를 펴더라도
주님은 거기에도 계십니다.
내가 저 동녘 너머로 날아가거나,
바다 끝 서쪽으로 가서 거기에 머무를지라도,
거기에서도 주님의 손이 나를 인도하여 주시고,
주님의 오른손이 나를 힘있게 붙들어 주십니다. (7-10절)

교리로 하나님을 배우다 보면, 머릿속에 그분을 담을 수 있고 펜으로 그분을 설명할 수 있을 것 같습니다. 하지만 그분의 실상을 조금이라도 경험하고 나면, 우리가 할 일은 오직 그분의 위대하심 앞에서 입을 벌리고 감탄하는 것밖에 없음을 깨닫습니다.

예수

둘째, 맥에게 나타난 예수님의 모습을 생각해 봅시다. 예수님의 이미지를 생각하면 당신은 어떤 그림이 떠오릅니까? 아마도 우리에게 익숙한 몇 개의 성화가 떠오를 것입니다.

맥도 그랬을 것입니다. 그런데 맥 앞에 나타난 예수님은 성화에서 자주 보던, 말끔하고 정갈한 조각상 같은 모습이 아니었습니다. 전형적인 유대인 남성답게 길쭉한 얼굴에 유난히 크고 긴 코를 가지고 있었습니다. 아무래도 잘 생겼다고 할 수 없는 모습이었습니다. 맥은 예수님과 친해진 다음에 이렇게 아쉬움을 표현합니다. "아, 그러고 싶진 않았지만, 당신을 체격도 좋고 외모도 출중한 이상적인 인간이라고 생각했던 것 같아요."* 많은 독자들이 예수님을 이렇게 매력 없는 남자로 그려 놓은 것에 대해 마음 편치 않게 느끼는 것 같습니다.

예수님의 실제 모습이 어떠했을까? 이 질문에 대해 대답할 수 있는 사람은 아무도 없습니다. 얼마 전, 예수님의 시신을 쌌던 것으로 추정되는 토리노의 수의(the shroud of Turin)에 남겨진 흔적으로 바탕으

---

* 「오두막」, p. 173.

로 예수님의 얼굴을 재구성하는 데 성공했다는 보도가 있었습니다. 하지만, 그 수의가 정말 예수님의 시신을 쌌던 것인지는 아직 결론이 나지 않았습니다. 지금으로서는 아무런 증거가 없는 셈입니다. 맥의 추측대로, 아주 뛰어난 외모를 타고나셨을 수도 있습니다. 하지만 그렇지 않으리라고 추정하는 사람들도 많습니다.

거기에는 두 가지 이유가 있습니다. 첫째, 예수님에게서 이루어진 이사야 53장의 예언 때문입니다. 이사야는 고난의 종에 대해 예언하면서 이렇게 노래했습니다.

> 그는 주님 앞에서,
> 마치 연한 순과 같이,
> 마른 땅에서 나온 싹과 같이 자라서,
> 그에게는 고운 모양도 없고,
> 훌륭한 풍채도 없으니,
> 우리가 보기에
> 흠모할 만한 아름다운 모습이 없다. (사 53:2)

둘째, 예수님의 생애 전체를 살펴 보면, 그분은 조각상 같은 미남이 아니었을 가능성이 더 큽니다. 예수님이 태어나셨을 때, 하나님은 가장 비천한 사람들 중 하나인 마리아와 요셉을 그분의 부모로 택하셨습니다. 또한 사람들이 머무는 곳에 자리가 없어서 짐승이 자는 곳에서 태어나셨고, 짐승의 먹이통을 첫 침대로 쓰셨습니다. 그러한 '선택'의 연속선상에서 볼 때, 하나님은 조각상 꽃미남을 예수님의 외모로 선택하지 않으셨을 가능성이 더 큽니다. 하나님은 중심을 보시는 분이기 때문입니다.

성형외과 의사의 기준으로 예수님의 외모는 그렇게 잘난 것이 아니었을 가능성이 크지만, 그분을 만나는 사람들은 그분에게서 비범한 무엇을 느꼈을 것입니다. 사람의 얼굴에서 풍기는 인상은 겉모양보다는 그 내면에 있는 것으로 결정되기 때문입니다. 내 육체는 내 존재의 작은 일부일 뿐입니다. 이 문제에 대해 예수님은 맥에게 이렇게 말씀하십니다.

> 외모, 다시 말해서 겉모습에 불과한 외모를 존재는 항상 초월하죠. 자신의 편견에 따라 아주 예쁘다거나 못생겼다고 판단하는 얼굴 뒤에 있는 존재를 알고 나면, 표면적인 생김새는 점차 빛이 바래다가 결국은 전혀 중요하지 않게 되죠.*

저는 이 말의 마지막 부분을 조금 바꾸고 싶습니다. "자신의 편견에 따라 예쁘거나 못생겼다고 판단하는 얼굴 뒤에 있는 존재를 알고 나면, 표면적인 생김새는 전혀 다른 모습으로 변모하지요. 잘생긴 데

---

* 「오두막」, p. 174.

가 하나도 없는데 왠지 매력 있어 보이거나, 정말 잘생겼는데 왠지 거북하게 느껴지는 겁니다." 이 진실을 저는 그동안의 목회 생활을 통해 수없이 확인했습니다.

진실이 이렇다면, 우리는 예수님께 외모로는 설명하지 못할 신비로운 매력이 있었을 것이라고 짐작할 수 있습니다. 외모를 넘어서 존재 자체를 보는 눈이 조금이라도 열려 있는 사람은 예수님을 만나는 순간 그분에게 압도되고 매료되었을 것입니다.

사라유

셋째, 성령의 역할을 맡은 사라유에 대해 생각해 봅시다. 파파는 흑인 여성으로, 예수님은 중동 남자로, 그리고 사라유는 동양 여인으로 나옵니다. '사라유'는 '바람'이라는 뜻이라고 합니다. 구약 성경에서 성령을 가리키는 말 '루아흐'와 신약 성경에서 성령을 가리키는 말 '프뉴마'는 모두 '바람', '숨'이라는 뜻입니다. 바람처럼 잡을 수 없는 존재, 하지만 바람처럼 어디서나 활동하고 있는 존재, 그것이 바로 성령입니다. 그러므로 사라유라는 이름은 성령의 특성을 잘 표현한다고 할 수 있습니다.

성부 하나님이나 성자 예수님의 경우에는 우리가 깨뜨려야 할 고정관념이 많이 있지만, 성령에 대해서는 비교적 그렇지 않습니다. 믿는 사람들이 성령에 대해서는 별로 지식도 없고 경험도 없기 때문입니다. 다만 그런 예가 하나 있다면, 성령을 하나의 에너지 혹은 기운으로 보는 태도를 들 수 있을 것입니다. 성경에 따르면 성령은 분명한 인격체입니다. 즉, 생각하고 판단하고 느끼고 근심하고 기뻐하는 존재라는 뜻입니다. 「오두막」을 읽으면서 독자들은 이 점을 분명하게 인식하게 될 것입니다. 사라유를 처음 만나는 대목에서 맥은 이렇게 느낍니다.

> 그녀가 뒤로 물러서자 맥은 그녀를 더 잘 보고 싶은 마음에 자기도 모르게 그녀 쪽으로 곁눈질을 했다. 하지만 이상하게도 그녀에게 시선을 집중하기가 쉽지 않았다. 그녀는 빛 가운데 아른거렸고, 바람이 거의 불지 않는데도 머리칼이 사방으로 흩날리고 있었다. 정면보다 그나마 곁눈으로 보는 편이 나았다.*

파파와 예수님 사이에서 자신만의 독특한 역할을 수행하는 사라유 즉 성령은 시종일관 이렇게 신비로운 모습으로 그려집니다. 사라유는 어릴 때 읽었던 동화 「피터팬」의 팅커벨을 생각나게 합니다.

예수님은 성령에 대해 다음과 같이 말씀하신 적이 있습니다. "바람은 불고 싶은 대로 분다. 너는 그 소리는 듣지만, 어디에서 와서 어디로 가는지는 모른다. 성령으로 태어난 사람은 다 이와 같다"(요 3:8). 성령이 사라유의 활동 모습처럼 부드럽게, 신비롭게, 드러나지 않게,

---

* 「오두막」, p. 127.

그러나 분명하게 변화를 만들어 내신다는 사실을 말씀하신 것입니다. 예수님이 세례를 받으실 때, 마치 비둘기가 땅에 내려앉듯 사뿐히 임했다는 기록도 역시, 성령의 온유하고 부드럽고 신비로운 활동을 암시합니다.

동시에, 그것은 성령의 활동의 한 측면일 뿐임을 우리는 잊지 말아야 합니다. 만일 사라유처럼 활동하는 것만이 성령의 유일한 활동 방식이라고 생각하면, 그것 또한 고정관념이 되어 버립니다. 그런다면 우리는 성령이 다른 방식으로 나타나실 때 알아보지 못하게 됩니다. 사도행전에서 읽는 것처럼, 성령은 때로 불같이 뜨겁게 그리고 누구나 알아챌 수 있는 방식으로 나타나기도 하십니다. 마치 바람에는 미풍도 있고 순풍도 있지만, 폭풍도 있고 태풍도 있는 것처럼, 성령도 때로는 조용하고 부드럽게, 또 때로는 거세고 강력하게 활동하십니다.

하나님은 늘 낯설다

무신론자들은 모든 종교들이 신봉하는 신은 인간의 욕망이 투사된 것이라고 주장합니다. 그들의 말에는 일리가 있습니다. 많은 종교들이 살아 있는 신이 아니라 그들이 만든 우상을 신으로 섬기고 있습니다. 사람이 만든 신은 사람보다 작습니다. 반면, 기독교는 인간의 철학과 깨달음에 기초한 종교가 아니라, 하나님의 계시에 기초한 종교입니다. 기독교가 믿는 하나님은 인간이 만들어 낸 신이 아니라, 계시된 신입니다. 성경에 기록된 하나님에 관한 이야기들은 인간이 만들어

낸 이야기가 아니라, 살아 계신 하나님과 인간이 만난 이야기입니다. 그렇기 때문에 성경에 나오는 하나님 이야기들은 때로 이해하기 어렵습니다. 그러나 성경의 하나님 이야기가 이해할 수 없는 요소들을 많이 지니고 있다는 사실은 그 하나님이 '만들어진 하나님'이 아니라는 반증입니다.

성경의 하나님은 우리보다 크십니다. 커도 보통 큰 것이 아닙니다. 우리는 평생 그분을 만나 사귀어도 그분의 1퍼센트도 제대로 알지 못할 것입니다. 그러니 그분을 믿고 순종하며 사귀고 살아가려면 고정관념에 붙들리지 말아야 합니다. 고정관념에 붙들리는 순간 우리는 '하나님이라는 이름의 우상'을 섬기는 것이 됩니다. 예수 그리스도는 우리에게 우상 신앙을 버리고 살아 계신 하나님을 만나도록 초청하십니다. 그러므로 우리는, "하나님께로 가까이 가십시오. 그리하면 하나님께서 가까이 오실 것입니다"(4:8)라는 야고보의 권면대로, 끊임없이 하나님께 가까이 나아가야 하겠습니다. 그러면 하나님은 당신을 늘 새롭게 드러내실 것입니다.

성경 말씀을 연구하며 묵상하는 동안 하나님은 당신을 새롭게 드러내십니다. 기도하고 묵상하고 찬양하는 가운데 그분은 당신을 새롭게 드러내십니다. 일상 속에서 그리고 역사 속에서 하나님은 계속하여 당신의 모습을 드러내십니다. 하나님은 너무나도 크신 분이셔서 당신을 드러내실 때마다 우리를 놀라게 하고 가슴 벅차게 만드시고 또 때로는 난처하게 하십니다. 그런 경험을 통해 우리는 하나님을 더 깊이 알게 되고, 우리 또한 변화해 갑니다. 이러한 차원이 없는 신앙은 죽은 것이며, 우상 숭배일 가능성이 큽니다. 참된 하나님을 만나면 늘 낯선 느낌이 드는 반면, 우상 숭배는 늘 익숙한 신을 붙들고 사는 것입니다. 그 믿음은 우리를 구원하지 못합니다. 오직 살아 계신 삼위의 하나님과 연결된 믿음만이 참 생명을 줍니다.

당신이 믿는 하나님은 어떤 분입니까? 당신의 사고 능력 안에 넣을 수 있는 분입니까? 아니면, 당신으로서는 도저히 짐작도 못할 신비로운 분, 낯선 분입니까? 당신의 영적 생활은 어떻습니까? 그동안 영적 여정을 걸어오면서 당신은 하나님의 새로운 모습을 목격하면서 놀라고 당황하고 두려워 떨며 또한 신비로움에 젖은 경험이 있습니까? 과거에 알던 하나님과 지금 아는 하나님 사이에 차이가 있습니까? 살아 계신 하나님을 믿고 살아가는 여정에는 늘 이 같은 기대감과 변화가 있어야 합니다. 그런 경험이 우리로 하여금 더욱 깊이 하나님을 찾게 만들고, 그렇게 경험할 때 우리의 영적 여정이 신명으로 가득할 것입니다.

마지막으로, 구약학자 월터 브루그만의 기도문을 소개하겠습니다. 평생 구약을 연구하며 묵상한 사람답게 그는 시편 139편만큼이나 하나님의 본성을 잘 파악하고 그것을 기도로 고백하고 있습니다.

주님,

저희는 할 수 있는 대로 여러 가지 이름으로 주님을 부르고

저희가 필요한 대로 주님의 역할을 규정하고

저희가 선 각도에서 주님께 다가갑니다.

주님을 알기 위해서라기보다는

저희 자신의 깊은 요구,

깊은 상처

그리고 깊은 희망 때문입니다.

그런데 저희가 부르는 이름은 잠시 동안 유효할 뿐,

주님은 그 이름을 넘어 다가오시며

저희 생각을 넘어 새로운 모습으로 당신을 드러내시며

저희가 잡을 수 없는 영광 속으로 사라지십니다.

주님의 자유와 숨으심을 목도하며

저희는 인정합니다.

주님이 하나님이시라는 것을.

저희보다 위에 계시며

저희를 위해 계시고

또한 저희를 넘어 계시다는 것을.

저희의 요구와 필요에 따라 행동하시는 분이 아니라

언제나 주님의 방식으로 행동하시는 분임을.

저희는 주님이 어떤 분인지에 대해 우물거릴 뿐입니다.
그것을 통해
이름지을 수 없는 주님 앞에 선
저희 자신의 부족함을 확인할 따름입니다.
주님을 설명하고 찾고 규정하는 노력을 잠시 접어 두고
주님께 찬양을 돌립니다.
육신을 입고 고통받으시기까지
저희를 사랑하신 것에 대해
그리고 저희에게 주신 이름에
감사드립니다.
아멘.*

말씀 묵상

시편 139:1-12을 읽습니다. 하나님이 어떤 분인지를 묵상해 보십시오.

토론 질문

흑인 여성이 성부 하나님의 역할을 담당하는 것에 대해 당신은 어떻게 느꼈습니까? 성부 하나님을 생각할 때, 당신은 어떤 이미지를 가장 많이 사용하십니까? (예: 아버지, 어머니, 왕, 목자, 바위, 요새 등)

---

* 「사귐의 기도를 위한 기도선집」(IVP), pp. 100-101.

하나님에 대한 당신의 고정관념을 생각해 보십시오. 깨져야 할 고정관념은 무엇입니까? 성부, 성자, 성령 각각에 대해 가지고 있는 고정관념을 살펴 보십시오.

기도
고정관념에 사로잡혀 '하나님이라는 이름의 우상'을 섬기지 않도록 기도하십시오.

11장
하나님은 가족이다

전도자들 가운데 집집마다 방문하여 「파수대」라는 책을 전해 주는 사람들이 있습니다. 이 교파에 속한 사람들은 자신들이 가장 올바른 기독교 신앙을 믿는다고 주장하지만, 대부분의 기독교 교파에서는 이 교단을 이단으로 규정합니다. 혹시, 그 전도자들과 교리에 대한 이야기를 나누어 보셨는지 모르겠습니다. 그것은 아주 위험한 일입니다. 그들은 기존 신자들의 약점을 공략하여 넘어뜨리는 일에 아주 잘 훈련된 사람들이기 때문입니다.

   그 전도자들이 기존 신자들의 믿음을 공격하며 가장 자주 문제 삼는 것이 삼위일체 교리입니다. 그들은 자주 이렇게 질문합니다. "삼위일체 교리가 성경에 없다는 사실을 아십니까?" 대부분의 기독교인들은 이 질문에 놀라게 되어 있습니다. 삼위일체 교리가 당연히 성경 안에 있을 것이라고 믿고 있기 때문입니다. 듣는 사람에게서 당황하는 빛이 보이면, 그들은 삼위일체 교리가 후대 교회에서 만들어진 것이며, 정치적인 세력 다툼의 결과로 정통 교리가 되었다고 덧붙입니다.

삼위일체 교리가 성경에 없다는 말은 맞기도 하고 틀리기도 합니다. '삼위일체'라는 단어가 성경에 사용된 적은 없습니다. 또한 삼위일체에 대한 명시적인 설명이나 가르침도 성경에는 없습니다. 삼위일체라는 용어와 그에 대한 교리는 후대에 서서히 발전되다가 주후 325년 니케아 공의회에서 투표로 결정되었고, 381년 콘스탄티노플 공의회에서 역시 투표로 재확인되었습니다. 그러니 '정치적으로 결정되었다'고 말할 수 있습니다.

하지만 이것은 지극히 표면적인 사실에 기초한 말입니다. 성경에 삼위일체 교리에 대한 명시적인 가르침이 있는 건 아니지만, 그 교리의 근거가 될 만한 본문은 얼마든지 찾을 수 있기 때문입니다. 특히, 신약 성경에 보면 성부 하나님과 성자 예수님 그리고 성령 하나님이 함께 일하고 계시다는 믿음을 여러 곳에서 확인할 수 있습니다. 대표적인 본문으로 세 가지를 들 수 있습니다. 부활하신 예수 그리스도의 말씀, 사도 바울의 말씀 그리고 사도 베드로의 말씀입니다.

"그러므로 너희는 가서, 모든 민족을 제자로 삼아서, 아버지와 아들과 성령의 이름으로 세례를 주고."(마 28:19)

"주 예수 그리스도의 은혜와 하나님의 사랑과 성령의 사귐이 여러분 모두와 함께 하기를 빕니다."(고후 13:13)

"하나님 아버지께서 여러분을 미리 아시고 성령으로 거룩하게 해 주셔서, 여러분은 순종하게 되고, 예수 그리스도의 피 뿌림을 받게 되었습니다. 여러분에게 은혜와 평화가 더욱 가득 차기를 빕니다." (벧전 1:2)

삼위일체 교리의 시작

삼위일체 교리는 초대 교인들의 신앙 체험에서 나온 것입니다. 신약 성경도 대부분 초대 교인들의 신앙 체험을 기록한 책이라 할 수 있습니다. 초대 교인들 대부분은 유대인이거나 유대교로 개종한 이방인이었습니다. 유대교 신앙에서 가장 중요한 것은 '유일신 신앙'입니다. 초대 교인들은 모두 참된 신은 오직 한 분이신 창조주 하나님이라는 유대교 신앙의 토대 위에 서 있었습니다. 그런데 그들이 어느 순간부터 이상한 말을 하기 시작했습니다. 나사렛 예수를 하나님이라고 고백하고 예배하는가 하면, 성령을 하나님이라고 믿고 고백하는 것입니다.

처음에는 그들 자신도 헷갈렸을 것입니다. 분명히, 참된 하나님은 한 분뿐이라고 배웠는데, 부활하여 승천하신 예수님이 하나님으로 체험되는 것입니다. 그런데 그들은 예수 체험을 통해 성부 하나님을 더욱 사랑하고 그분의 뜻을 더 깊이 순종하게 되었습니다. 또 어떤 사람은 성령을 체험했는데, 그 체험으로 인해 예수님을 더 깊이 알게 되고 그분을 더욱 사랑하게 되었습니다. 그들이 경험한 대상은 성부 하나님일 수도 있고, 예수 그리스도일 수도 있으며, 성령일 수도 있는데, 그 체험의 결과는 모두 같았습니다. 성부 하나님을 더 깊이 알게 되고,

예수 그리스도를 더욱 닮아가며, 성령의 은사와 열매가 충만해집니다. 서로 다른 세 분의 하나님을 경험하는데, 그 경험의 결과는 늘 같다는 사실, 바로 이것이 삼위일체 교리의 출발점입니다.

이렇게 수많은 신앙인들의 영적 체험을 두고 연구하고 분석하고 종합해 가면서 삼위일체라는 교리가 만들어진 것입니다. 니케아 공의회와 콘스탄티노플 공의회에서 채택된 신앙 고백은 이렇게 되어 있습니다.

우리는 전능하신 아버지이신 한 하나님을 믿는다. 그분은 하늘과 땅을 지으신 분이요, 보이는 것이나 보이지 않는 모든 것을 지으신 분이시다. 우리는 한 주 예수 그리스도를 믿는다. 그분은 하나님의 독생자이시며, 모든 세상이 있기 전에 하나님으로부터 나셨으며, 하나님 그 자체이시며, 빛 그 자체이고, 참 하나님 그 자체이시다. 그는 하나님께로부터 나셨지, 지음을 받은 것이 아니다. 그는 모든 것을 지으신 아버지와 한 실체를 가지셨다.…그리고 우리는 주이시며 생명의 공여자이신 성령을 믿는다. 그는 아버지와 아들로부터 나오셨고, 아버지와 아들과 함께 예배와 영광을 받으시며, 예언자들을 통해 말씀하신다.

이 교리는 분명 성경적인 믿음에 뿌리를 둔 것이며, 지난 2천 년 동안 일어난 진정성 있는 영적 체험들에 뿌리를 둔 것입니다. 삼위일체 교리를 완전히 이해하는 것도 불가능하고 그것을 설명하는 것은 더 불가능하지만, 이것만이 성경적인 신앙 고백과 우리의 영적 체험을 설명해 줄 수 있습니다. 기독교의 한 분파라고 주장하는 이들 가운데 삼위일체 교리를 부정하는 교파들이 있습니다. 여호와의 증인, 유니테리언 교회 등이 그 예입니다. 그들의 교리를 들어 보면 삼위일체 교리보다 훨씬 단순하여 이해하기 쉽고 설명하기 쉽습니다. 그래서 거기에 혹하는 사람들이 있지만, 그 교리들은 지난 2천 년 동안 수많은 그리스도인들이 겪은 영적 체험의 복잡성을 충분히 설명하지 못합니다.

삼위일체 교리가 이해하기 어렵고 설명하기 어렵다는 사실은 우리가 우리 자신의 영적 체험을 다 이해하지 못한다는 뜻이며, 우리가 믿는 하나님이 우리 이성의 한계를 훨씬 넘어 계시는 분이라는 뜻입니다. 그렇기에 '이해할 수 없다'는 사실이 오히려 위안을 줍니다. 우리가 믿는 삼위의 하나님이 인간의 창작품이 아니라는 반증이기 때문입니다. 이해할 수도 없고 설명되지도 않는 교리를 계속 붙들고 있다는 사실은 정통 기독교가 그만큼 정직하다는 뜻도 됩니다. 사람들을 설득하기 위해 이해 가능한 정도로 교리를 축소시키지 않았기 때문입니다.

삼위일체의 비유

삼위일체 교리를 말로 설명할 수 없기 때문에 자주 비유가 사용되곤 했습니다. 제가 어릴 때부터 들었던 비유가 몇 가지 있습니다. 그중 하나는 '물의 비유'입니다. 물이 때로는 액체로, 때로는 고체(얼음)로, 또 때로는 기체(수증기)로 바뀌는 것처럼, 하나님도 때로 성부로, 때로 성자로, 또 때로 성령으로 나타나신다는 비유입니다. 또 다른 비유는

'태양의 비유'입니다. 태양의 본체가 있다면, 거기서 열이 나오기도 하고 빛이 나오기도 하는 것처럼, 신성의 본체이신 성부 하나님으로부터 빛과 같은 성자 예수님이 나오기도 하고, 열과 같은 성령이 나오기도 한다는 것입니다. 또 다른 비유도 있습니다. 한 남자가 남편이기도 하고 아버지이기도 하며 또 직장인이기도 한 것처럼, 한 하나님이 때로는 아버지로, 때로는 아들로, 때로는 성령으로 나타나신다는 겁니다.

'아, 그것 참 좋은 비유일세!'라고 생각하는 분들도 계실지 모르겠습니다. 저도 그렇게 배웠고 그렇게 알고 있었습니다. 하지만 이 비유들에는 심각한 문제가 있습니다. 그 이유를 설명하기 위해서는 삼위일체에 대한 두 가지 오해에 대해 먼저 설명해야 합니다.

기독교 교파 중에는 삼위일체를 부정하는 이단도 있지만, 삼위일체를 오해하는 이단도 있습니다. 삼위일체를 오해한 이단에는 두 종류가 있습니다. 하나는 '삼신론'(tritheism)입니다. 성부 하나님과 성자 예수님과 성령 하나님이 서로 별개로 존재한다는 믿음입니다. 그러나 기독교는 세 종류의 신을 섬기는 종교가 아닙니다. 기독교는 참된 신은 한 분밖에 없음을 믿고 고백합니다.

다른 하나의 이단은 '양태론'(modalism)이라고 합니다. 신학 용어라 무슨 뜻인지 바로 감을 잡기는 어렵지만, 그 핵심은 이렇습니다. 한 분 하나님이 때로는 성부로, 때로는 성자로, 또 때로는 성령으로 나타난다고 믿는 것을 말합니다. 우리에게 보이는 모습은 서로 다르지만, 그 본질은 같다는 것입니다. 삼신론은 세 분의 독립성을 너무 강조한

데 문제가 있는데, 양태론은 세 분의 동질성을 너무 강조한 데 문제가 있습니다. 위에서 예로 든 세 비유는 모두 양태론에 가깝습니다. 그래서 사용하지 말아야 한다는 것입니다.

삼위일체 교리를 이해하는 데 가장 도움이 되는 비유를 든다면, '부부 일심동체'(夫婦 一心同體)라는 개념입니다. 남편과 아내는 분명히 구별되는 개별적인 인격입니다. 하지만 부부가 함께 살면서 육체적으로, 정신적으로 그리고 영적으로 하나가 되면, 그들은 각각 개별적인 인격임에도 생각하고 느끼고 뜻하는 것이 하나가 됩니다. 하나님이 결혼 제도를 마련하시고 "그러므로 남자는 아버지와 어머니를 떠나, 아내와 결합하여 한 몸을 이루는 것이다"(창 2:24)라고 말씀하셨는데, 여기서 '한 몸'이 된다는 것은 일심동체가 되는 것을 말합니다.

이렇게, 마음과 생각과 뜻과 정서까지 하나가 된 부부, 아내가 뜻하는 것이 곧 남편의 뜻이요, 남편이 뜻하는 것이 곧 아내의 뜻이 되는 관계, 아내에게 말하는 것이나 남편에게 말하는 것이 아무런 차이가 없는 부부, 서로 얼굴도 다르고 입맛도 다르지만 서로를 이해하고 사랑하며 섬기는 부부, 그리하여 삶의 방향이 같은 부부—바로 이것이 성부 하나님, 성자 예수님, 그리고 성령 하나님의 관계에 대한 가장 근사한 비유라고 할 수 있습니다.

삼위일체의 신비

「오두막」은 이 점에서 독자들에게 아주 큰 공헌을 했습니다. 이 소설을 비판하면서 저자가 양태론을 주장한다고 말하는 사람들도 있습니다만, 옳지 못한 비판입니다. 우리말 번역을 보면, 작가가 분명하게 양태론을 말하는 것 같은 대목이 한 군데 있습니다. 한국어판을 보면, 파파가 맥에게 이렇게 말합니다.

> 우리는 세 신이 아니라, 세 속성을 가진 하나의 신이죠. 남편이자 아버지이고, 직장인인 한 사람처럼 말이에요. 나는 하나의 하나님이고 또한 세 인격이며, 이 셋은 전적으로 하나죠.*

그런데 이것은 아주 심각한 오역입니다. 사실 저자는 이 대목에서 파파의 입을 통해 삼신론과 양태론을 모두 부정하고 있습니다. 제대로 번역하자면 이렇게 됩니다.

> 우리는 세 신이 아닙니다. 또한, 한 사람이 남편도 되고 아버지도 되고 직장인도 되는 것처럼, 하나의 신이 세 가지 모습으로 나타나는 것을 말하는 것도 아닙니다. 나는 하나의 하나님이고, 나는 또한 세 인격이며, 이 셋은 완전히 그리고 전체적으로 하나지요.

여기서 우리는, 작가가 삼위일체 교리에 대한 두 이단을 모두 배격하고, 균형 잡힌 바른 이해를 도우려 하고 있음을 볼 수 있습니다. 성

---

* 「오두막」, p. 156.

부 하나님을 상징하는 파파와 예수 그리고 성령을 상징하는 사라유는 서로 분명하게 구별되는 인격체들이지만, 이 셋은 일심동체의 관계 안에서 서로를 위해 그리고 한 마음으로 일합니다.

오두막에서 파파와 예수와 사라유를 모두 만난 뒤, 맥은 혼란에 빠집니다. 그는 이렇게 생각합니다.

> '이들 중 누가 하나님일까? 이들은 환상이나 천사일 뿐이고, 나중에 진짜 하나님이 나타나는 것은 아닐까?' 그것도 참으로 당혹스러운 노릇일 터였다. '모두 셋이니 삼위일체 같은 것일까? 하지만 두 여자와 한 남자 중에 백인은 아무도 없다니? 그건 그렇고, 그동안 왜 하나님을 당연히 백인이라고 생각해 왔을까?' 그는 몰려드는 상념 때문에 정신을 차릴 수가 없어서, 가장 대답을 듣고 싶은 질문에만 집중하기로 했다. 맥이 간신히 물었다.
> "그러면 당신들 중 누가 하나님이죠?"
> "나예요."
> 세 사람이 한 목소리로 답했다. 맥은 그들을 번갈아 바라보았다. 보고 듣는 것을 전부 파악할 순 없었지만, 왠지 모르게 그들이 믿어졌다.*

맥은 파파와 예수와 사라유를 함께 그리고 따로 만나 대화를 나누면서 셋이 어떻게 따로이면서 하나인지, 삼위일체의 신비를 어느 정

---

* 「오두막」, p. 132.

도 느껴 알게 됩니다. 셋은 각각 다른 일을 다른 방식으로 행하지만, 그 모든 일은 하나의 방향을 향하고, 또한 각각의 행동은 서로를 섬기는 결과를 만들어 냅니다. 그 모습이 참으로 신비하고 감탄스럽습니다. 이 아름다운 조화를 지켜보는 맥에게 또 하나의 질문이 생깁니다.

> "당신들이 서로를 대하는 방법이 맘에 들어요. 정녕 하나님이 그러리라고는 예상도 못했어요."
> "무슨 뜻인가요?"
> "음, 나는 당신이 하나이자 전부이며, 당신은 또한 모두 셋이라는 사실을 압니다. 그런데 당신들은 서로에게 너무나 상냥하게 대하죠. 당신 중 하나가 다른 둘보다 지위가 더 높은 것이 아니었나요?"
> 셋은 그런 질문은 생각도 못 해 봤다는 듯이 서로를 바라보았다. 맥이 서둘러 말을 이었다.
> "그동안 나는 하나님 아버지가 대장이고 예수는 명령을 따르는 자, 다시 말해서 복종하는 사람이라고 생각했어요. 성령은 그 위치가 정확히 어느 정도인지 잘 모르겠어요. 그는…아니…그녀는…그러니까 내 말은…."*

바로 이 지점에 삼위일체 교리의 핵심이 드러납니다. 성부, 성자, 성령은 서로 하나가 되어 이심전심으로 같은 목적을 위해 일하는데,

---

* 「오두막」, pp. 189-190.

그것은 어느 한 편이 다른 한 편에게 절대 복종함으로써 이루어진 것이 아닙니다. 서로 사랑하고 서로 존중하며 서로를 위하는 관계 속에서 만들어 가는 하나됨입니다. 그것이 삼위일체 하나님의 본성이라는 것입니다. 계속되는 파파의 말을 들어 보시기 바랍니다.

> "매켄지, 우리는 우리 가운데 누가 최종 권위자냐는 개념은 없고 통일성만 갖고 있어요. 우리는 관계의 원 안에 삽니다. 명령 계통이나 당신 조상들이 말하던 '존재의 대사슬' 같은 것은 우리와 상관없습니다. 우리에게서 당신은 권력 구조가 없는 관계를 보고 있어요. 우리는 언제나 최선을 위해 일하기 때문에 다른 이들에게 군림할 필요가 없어요. 그러니 우리 사이에 서열이란 아무런 의미도 없죠. 사실 서열은 당신들의 문제이지 우리 문제가 아니에요."*

아마 독자들에게도 이 말이 이상하게 들릴지 모릅니다. 성부 하나님이 제일 높고 성자 예수님과 성령은 성부 하나님에게 절대 복종하는 모습이 우리에게는 당연해 보입니다. 이런 이유 때문에 이 대목에서 폴 영의 신학을 비판하는 사람들도 있습니다. 성부와 성자와 성령의 관계를 위계적인 질서로 이해하는 것이 보편적인 경향이기 때문입니다. 그래서 삼위일체를 다음과 같은 도식으로 그리곤 했습니다.

---

* 「오두막」, pp. 191-200.

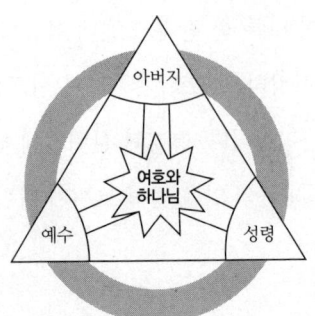

이 그림에서 보듯, 성부 하나님은 삼각형의 꼭지점에 있고, 예수님과 성령은 성부 하나님에게서 내려오는 명령에 복종함으로써 하나됨의 관계가 이루어진다고 봅니다. 그것이 일반적인 이해입니다. 하지만 이 같은 위계 질서와 명령과 복종의 관계는 하나님의 본성에 맞지 않습니다. 성부, 성자, 성령의 관계는 명령과 복종의 관계가 아니라, 서로 섬기고 사랑하고 위하고 받드는 관계입니다. 그래서 다음과 같은 그림으로 바꾸어 생각하는 것이 좋습니다.

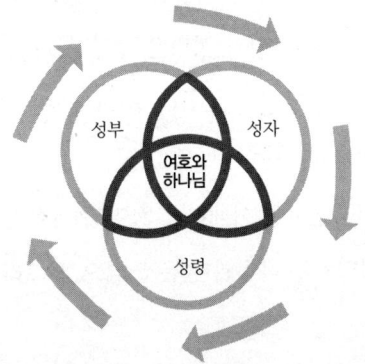

소설 「오두막」에서 파파가 "우리는 관계의 원 안에 살지요"라고 말

했는데, 바로 이것이 관계의 원이라 할 수 있습니다. 누가 먼저고 누가 나중이랄 것 없이, 누가 높고 누가 낮은지 따질 것 없이, 서로가 서로를 위해 섬기고 사랑하고 돌보는 관계가 바로 삼위일체 하나님의 본성입니다. 이 관계를 가리켜 고대 신학자들은 '상호 참여'(mutual participation), '상호 내주'(mutual indwelling) 혹은 '상호 관통'(mutual penetration)이라고 불렀습니다. 폴 영은 이 '관계의 원'을 감동적인 이야기로 그려 냈습니다.

관계의 원

세 분 하나님이 활동하시는 방법은 오늘 우리가 살아가는 방식과 매우 다릅니다. 파파가 맥에게 말하듯, 우리는 "너무나 파괴되고 훼손되었기 때문에 누군가가 조직을 장악하지 않은 상태에서 일하거나 살아간다는 것을 거의 이해할 수 없습니다"* 실제로 그렇습니다. 가정이든, 교회든, 학교든, 회사든, 어느 조직이든 마찬가지입니다. 명령 계통이 서지 않으면 위에 있는 사람도 불안하고, 아래에 있는 사람도 불안합니다. 그래서 목소리를 높이고, 군기를 잡고, 빌을 내립니다.

명령 계통과 서열이 없으면 불안한 이 마음이 바로 타락의 증거입니다. 우리를 사랑하고 위하시는 하나님을 떠남으로 인해 인간에게는 깊은 불안이 생겼습니다. 그런데 하나님께 돌아감으로써 그 불안을 해결하려 하지 않고, 다른 사람 위에 군림하거나 반대로 권력자에게

---
* 「오두막」, p. 192.

의존함으로써 그것을 해결하려 합니다. 우리는 이 명령 계통과 서열 없이는 살 수 없는 것처럼 생각합니다.

이처럼 타락한 우리에게 성부, 성자, 성령 삼위일체 하나님이 누리시는 '관계의 원'과 '서로를 위해 사는 삶'은 큰 충격으로 다가와야 합니다. 그것이 바로 우리가 하나님을 떠나고 죄에 빠짐으로 인해 잃어버린 낙원의 원리입니다. 우리가 예수 그리스도를 통해 되찾아야 할 에덴은 바로 우리 내면에 있고 또한 우리 사이에 있습니다. 우리의 타락한 본성을 사라유의 부드러운 손으로 치료받고, 더 이상 군림하고 복종하는 관계가 아니라 서로 사랑하고 섬기고 돌보는 관계로 회복되는 것이 바로 우리가 열망해야 할 '낙원 회복'입니다. 우리가 섬기는 하나님이 삼위일체시라는 사실은 우리가 이 같은 '관계의 원'을 회복하고 그 안에 사는 것을 열망하고 그것을 이루기 위해 힘쓰기를 소원해야 함을 가리켜 줍니다.

예수님은 제자들과 교회를 위해 기도하시면서 삼위일체의 신비가 믿는 사람들에게도 이루어지기를 기도하셨습니다. 요한복음 17:21-22에는 그러한 심정이 담겨 있습니다.

> 아버지께서 내 안에 계시고, 내가 아버지 안에 있는 것과 같이, 그들도 하나가 되어서 우리 안에 있게 하여 주십시오… 나는 아버지께서 내게 주신 영광을 그들에게 주었습니다. 그것은, 우리가 하나인 것과 같이, 그들도 하나가 되게 하려는 것입니다. (21-22절)

성부 하나님과 성자 예수님의 하나됨은 신자들을 위한 모델이며 또한 그들의 하나됨을 만들어 주는 능력입니다. 그래서 예수님은 또 기도하십니다.

내가 그들 안에 있고, 아버지께서 내 안에 계신 것은, 그들이 완전히 하나가 되게 하려는 것입니다. (23절)

이 말씀에 의하면, 낙원의 회복을 원하는 사람들은 먼저 그 자신 안에 예수 그리스도를 더 깊이 모셔들여야 합니다. 바울 사도가 말한 대로, 내가 그리스도 안에, 그리스도가 내 안에 머물러 사시는 관계가 이루어져야 합니다. 그렇게 하여 내 속에 있는 '권력에의 의지'가 치료되어야 합니다. 더 높아지고, 더 많이 부리고, 더 커지려는 욕망을 치료받아야 합니다. 권력을 소유하거나 권력자에게 의지하여 안정감을 찾으려는 부패한 마음을 치료받아야 합니다. 그럴 때 우리는 그리스도 예수의 마음을 품게 될 것입니다. 낮아지고 섬기고 희생하기를 기뻐하는 마음이 생길 것입니다.

나만 그렇게 되어서는 안 됩니다. 나와 함께 살아가는 사람들도 같이 치료받아야만 낙원이 회복됩니다. 부부가 함께 그리스도 안에서 자라갈 때, 서로 섬기고 사랑하는 결혼 관계로 나아갈 수 있습니다. 직장 동료들이 함께 그리스도 예수 안에 머물러 타락한 본성을 치료받을 때, '명령의 사슬'이 아니라 '관계의 원'을 만들어 갈 수 있습니다.

얼마 전 저는 30여 명의 교우들과 함께 '치유를 위한 영성 수양회'를 다녀 왔습니다. 둘째 날 밤, 우리는 약 세 시간 동안, 서로의 상처 이야기를 나누며 함께 기도하는 시간을 가졌습니다. 처음에는 조금 어색하게 시작했는데, 이내 우리는 하나가 되었습니다. 서로의 상처 이야기를 들으면서 진실한 마음으로 아파하며 깨어져 통곡했습니다. 서로 부둥켜안고 기도했습니다. 잠시 동안이나마, 얼굴을 가리고 있던 가면이 벗겨지고, 겹겹이 두른 무장이 해제되었으며, 두텁게 쌓았던 마음의 벽이 모두 허물어졌습니다. 잠시 동안이지만 낙원이 회복된 것을 경험했습니다. 우리가 하나님 안에 있고 하나님이 우리 안에 머무실 때 우리가 진실로 하나가 된다는 예수님의 말씀을 체험했습니다. 그로 인해 받은 치유와 회복의 은혜는 말로는 설명할 길이 없습니다.

　우리를 창조하신 하나님은 삼위일체 하나님이십니다. 성부, 성자, 성령이 하나가 되어 '따로 또 같이' 하나의 목적으로 위해 서로 섬기는 것이 삼위일체 하나님의 본성입니다. 그리고 그 본성에 따라 하나님은 우리를 지으셨습니다. 그 본성에 따라, 서로 다르지만 '관계의 원' 안에서 하나가 되어 살아가도록 섭리하셨습니다. 그러나 우리의 죄악으로 인해 그 관계의 원은 깨어졌고, 우리는 '관계의 사슬' 혹은 '관계의 피라미드' 혹은 '관계의 사다리' 안에서 살게 되었습니다. 이 비정한 계층 구조 안에서 살아남기 위해 몸부림치다 보니, 사람과 사람 사이의 모든 관계가 깨어지고 비틀어졌으며, 우리는 두터운 가면을 쓰고 겹겹이 무장을 하고 잠시도 안심하지 못하고 살아가고 있습니다. 낙원을 상실한 것입니다.

그 낙원을 회복하는 길이 삼위일체 하나님께 있습니다. 삼위일체 되신 하나님, 그 하나님께 돌아가 그분과 함께 거할 때, 우리의 타락한 본성이 치료되고 깨어진 관계가 회복되며, '관계의 사다리'가 무너져 '관계의 원'으로 변할 것입니다. 그것이 매일매일의 일상 생활 속에 일어나야 하는 구원의 사건입니다. 이 사건이 우리 가정에, 우리 교회에, 우리 직장에, 우리 사회에 일어나야 합니다. 그것이 예수님이 돌아가시기 전에 간절히 기도하신 기도의 제목이었습니다. 이 낙원 회복의 사건이 우리 모두에게 그리고 우리가 맺고 있는 모든 관계 안에 그리고 우리가 소속되어 있는 모든 조직 안에 이루어지도록, 성부, 성자, 성령, 삼위일체 하나님의 은총이 더욱 넘치기를 소망합니다.

성부, 성자, 성령
삼위일체 하나님,
저희에게 당신의 그 놀라운 신비를 알게 하셨습니다.
다 이해하고 납득할 수 없지만
삼위일체의 신비에 매료되었습니다.
그 신비를 더 깊이 알게 하소서.
그리하여

저희도 그 삼위일체의 신비에 참여하게 하소서.
죄로 물든 저희 마음을 치료하시어
서로 낮아지고 섬기고 희생하게 하소서.
잃어버린 낙원을
우리의 모든 관계 안에 회복시켜 주소서.
아멘.

말씀 묵상
요한복음 17:20-26을 읽습니다. 하나님이 어떤 분인지를 묵상하시고, 자신의 믿음을 나누십시오.

토론 질문
우리는 타락의 결과 군림하거나 예속되지 않으면 불안해서 견디지 못합니다. 이런 증상이 우리 가정이나 직장에서 어떻게 나타나는지 나누어 봅시다. 또 삼위일체 하나님이 누린 '관계의 원'이 내가 속한 공동체에서 실현되려면 무엇이 필요할까요?

기도
삼위일체의 신비에 더 깊이 매료되도록 기도하십시오.

삼위일체 하나님이 누리시는 '관계의 원'이 우리 가정에, 교회에 그리고 직장에 일어날 수 있도록 기도하십시오.

12장
지옥은 비어 있는가?

요한계시록 14:9-12에는 요한이 환상 중에서 본 지옥에 대한 묘사가 나와 있습니다. 지옥에는 불과 유황이 끓고 있습니다. 지옥의 고통은 지상에서 경험한 그 어떤 고통과도 비교할 수 없이 참혹한 것인데, 그런데도 졸도하거나 코마 상태에 빠지거나 죽는 일은 없습니다. "밤에도 낮에도 휴식을 얻지 못할 것"(11절)이라고 합니다. 또렷한 정신으로, 영원히, 최대치의 고통을 감당해야만 합니다. 어느 정도 지나면 고통에 익숙해지기도 하는데, 지옥에서는 그런 법이 없습니다.

지옥에 대한 이 같은 이미지를 생각하다 보면, 적지 않은 의문이 생깁니다. 하나님에 대한 성경의 가르침을 한 마디로 요약하라면, "하나님은 사랑이시다"라는 것입니다. 그런데 그 '사랑의 하나님'이 몇 십 년 동안의 죄에 대한 대가로 인간에게 영원한 고문을 가한다는 것이 잘 이해가 되지 않습니다. 최근에 연일 보도되는 어린이를 상대로 한 성폭력범들을 생각하면 "그런 벌을 받아도 싸다!"라는 생각이 들 때도 있습니다. 하지만, 예수를 믿지는 않아도 선량하게 사는 사람들을 생각하면 지옥과 심판에 대한 전통적인 가르침에 의문이 일어납니다. 브라이언 맥클라렌은 '영원한, 의식적, 고문'(eternal conscious torment)라는 말을 하나씩 따로 발음해 보라고 요청합니다. 그렇게 해보면, 그것이 하나님의 사랑에도, 하나님의 정의에도, 그리고 하나님의 거룩하심에도 어울리지 않는다는 것을 알게 될 것이라는 겁니다.

이런 의문으로 인해서 제기된 것이 '보편 구원론'(universal salvation)이라는 것입니다. 기독교의 전통적인 믿음은 '제한 구원론'(limited salvation)입니다. 구원이란 내세의 지옥불에서 구원받는 것이며, 천국행과 지옥행의 구분 기준은 예수 그리스도를 주님으로 영접했느냐에 의해 결정된다는 믿음입니다. 이에 반하여, '보편 구원론'은 "지옥은 존재하지 않거나, 존재한다 해도 텅 비어 있다"는 입장입니다. 다시 말하면, 예수를 믿든지 안 믿든지, 그의 종교가 무엇이든, 그가 선하게 살았든지 악하게 살았든지, 하나님은 결국 모든 사람을 구원하실 것이라는 믿음입니다. 위르겐 몰트만(Jürgen Moltmann) 같은 신학자는, 하나님은 마침내 사탄과 악한 영들까지 변화시켜 구원하실 것이라고 말합니다. 하나님의 사랑이 그만큼 강하고 질기다는 믿음입니다.

하나님의 마음, 예수님의 마음

폴 영은 「오두막」에서 '보편 구원론'을 전제합니다. 이 소설이 가장 심하게 비난 받는 이유가 여기에 있습니다. 기독교에서 '보편 구원론'

은 이단적인 사상으로 정죄를 받아 왔기 때문입니다.

오두막에서 맥이 만난 사람은 전부 넷입니다. 파파, 예수 그리고 사라유 외에 한 사람이 더 등장합니다. 소피아라는 여성입니다. 소피아는 성경에서 독립적인 인격체로서 활동하는 '지혜자'를 상징합니다. 소피아를 만나기 전까지 맥은 '제한 구원론'을 믿었고 유황불의 지옥을 생각했습니다. 맥이 자신의 딸 미시를 보호하지 않은 것에 대해 하나님을 비난하자, 소피아는 맥을 심판의 자리에 앉아 보게 합니다. 이 과정에서 맥은 하나님의 마음을 알아 갑니다. 그 장면의 대화를 간추려 보면 다음과 같습니다.

> "당신이 하나님을 그렇게 쉽게 심판할 수 있다면 분명 이 세상도 심판할 수 있겠군요. 자, 그럼, 당신의 자녀 중에서 하나님의 새로운 하늘과 땅에서 영원히 살아갈 아이를 선택해 보세요. 딱 두 명만."
>
> "뭐라고요?"
>
> "또 당신의 자녀 중에서 영원히 지옥에서 살아갈 아이 셋을 선택하세요."
>
> 이 말을 듣고 맥은 어찌 할 바를 몰라 합니다.
>
> "매켄지, 나는 당신이 하나님의 일이라고 믿고 있는 그 일을 당신에게 하라고 요구하는 것 뿐이에요. 하나님은 지금까지 잉태된 모든 인간들을 알고 있어요. 당신이 당신의 아이들을 아는 것보다 더 깊고 분명하게 알고 계시죠. 하나님은 그 아들이나 그 딸에 대해 아시기 때문에 그들을 각각 다르게, 하지만 동일하게 사랑하시

죠. 그런데 당신은 하나님이 대부분의 인간을 하나님의 존재와 사랑으로부터 분리시켜 영원한 고문을 당하게 한다고 믿고 있어요. 그렇지 않은가요?"

"그런 것 같은데요. 하지만 그런 식으로 생각해 본 적은 없었어요. 어떤 이유로든 하나님이 그렇게 하시리라고 믿었던 것 같아요. 지옥에 대한 대화도 늘 추상적인 상태에서 벗어나지 못했고, 내가 진정으로…내가 진정으로 사랑하는 사람들에게 해당되는 이야기는 아니라고 여겼던 것 같아요."

"하나님이라면 쉽게 하겠지만 당신은 그렇게 못한다는 뜻인가요? 매켄지, 당신의 다섯 아이 중 어느 셋을 지옥으로 보낼 겁니까? 요즘 당신은 케이트와 가장 갈등이 심해요. 당신에게 버릇없이 굴고 상처가 되는 말들을 했지요. 케이트야말로 첫 번째 후보이며 가장 타당한 선택이 아닐까요? 어때요? 매켄지, 당신이 심판관이니 당신이 선택해야 해요."

"나는 심판관이 되고 싶지 않아요.…이 일을 할 수 없어요."

소피아가 계속 다그치자 맥은 고개를 떨구고 웁니다. 한참을 운 후, 맥이 소피아에게 애걸하듯 이렇게 말합니다.

"대신 내가 가면 안 될까요? 영원히 고문받을 사람이 필요하다면 내가 대신 가겠어요. 그래도 될까요? 내가 그렇게 할 수 있을까요? 내 아이들 대신 내가 가게 해줘요. 제발, 그러면 좋겠어요…제발, 이렇게 빌게요. 제발…제발…"

소피아는 맥을 끌어안습니다. 그리고 이렇게 말합니다.

"이제 당신은 예수님 같은데요. 매켄지, 당신은 심판을 잘 했어요. 당신이 몹시 자랑스러워요!"

"아무것도 심판하지 않았는데요?"

> "아, 당신은 이미 심판을 했지요. 당신의 아이들에게 사랑받을 가치가 있으며, 그 사랑 때문에 당신의 목숨을 내어 줄 수도 있다고, 당신은 심판했어요. 예수님의 사랑이 바로 그런 것이었죠.…이제 당신은 파파의 마음도 알게 됐어요. 자기 아이들을 완전하게 사랑하는 그 마음을."*

이 대목을 읽으면서 독자들은 성부 하나님의 마음과 성자 예수 그리스도의 사랑에 감동하게 되어 있습니다. 아무리 망나니 자식이라도 포기할 수 없는 것이 부모의 마음 아닙니까? 마찬가지로, 아무리 극악한 범죄자라도 하나님이 그 사람을 당신의 자녀라고 생각한다면 포기하지 않을 것입니다. 지옥 가장 깊은 곳까지 찾아가 구원해 낼 것입니다. 하나님께는 맥도 소중한 자녀이고, 미시와 케이트도 그렇고, 미시를 살해한 연쇄살인범도 소중하기는 마찬가지입니다.

이 대목은 또한 예수님의 십자가의 신비를 이해하는 데 도움을 줍니다. 예수님은 돌아가시기 전 날 밤 겟세마네 동산에서 기도하시면서 '잔'에 대해 언급하셨습니다. "나의 아버지, 하실 수만 있으시면, 이 잔을 내게서 지나가게 해주십시오. 그러나 내 뜻대로 하지 마시고, 아버지의 뜻대로 해주십시오"(마 26:39). 예수님이 마셔야 했던 이 잔은

---

* 「오두막」, pp. 259-263.

하나님의 진노의 잔입니다. 모든 인류가 마셔야 할 진노의 잔을 예수님이 대신 드신 것입니다. 맥이 "내 자녀들 중 누군가가 영원한 형벌을 받아야 한다면 차라리 내가 당하겠습니다"라고 말한 것처럼, 성자 예수님은 성부 하나님께 "인류가 당해야 할 영원한 형벌이 있다면 내가 대신 당하겠습니다"라고 말씀하신 것입니다. 예수님이 십자가에서 그 잔을 드셨고, 십자가는 하나님께 이르는 길을 활짝 열어 놓았습니다.

십자가에 달려 돌아가시기 전에도 예수님은 하나님 아버지의 사랑이 누구에게나 열려 있음을 가르치셨고 또한 그렇게 사셨습니다. 당시 유대교인들은 율법의 기준을 가지고 구원받을 만한 사람과 그렇지 못한 사람을 구별하려 했습니다. 구원받지 못할 사람으로 판단되면, 그 사람에게는 그 어떤 동정도 베풀 필요가 없다고 믿었습니다. 유대교인들은 그 사람들을 '죄인'이라고 불렀습니다. 무슨 특별한 범법의 사실이 있었던 것이 아닙니다. 율법의 기준으로 볼 때 함량 미달이라는 뜻입니다. 하나님의 이름으로, 율법의 기준으로, 그들은 인간 대접을 받지 못했던 것입니다.

예수님은 구원받을 사람들과 그렇지 못한 사람들을 구분하고 차별하고 정죄하는 일에 반대하셨습니다. 그분은 당시 유대교인들이 꺼리던 사람들을 적극적으로 찾아가셨습니다. 당시 보수적인 유대교인들에게 사마리아 사람과 이방인은 하나님의 은혜를 받을 수 없는 사람들이었습니다. 그들과 접촉하면 부정 탄다고 믿었습니다. 그런데 예수님은 그들을 찾아가시고 어울리셨습니다. 하나님의 은혜가 그들에게도 열려 있다고 말씀하셨습니다. 유대교인들은 장애인들을 하나님의 징벌을 받은 사람으로 생각했지만, 예수님은 그들을 찾아가 하나님의 사랑을 전하셨습니다. 하나님과 민족을 모두 배반한 죄인들로 여겨졌던 세리들이나 성을 파는 부정한 여인들을 예수님은 내치지 않으셨습니다.

바로 이것 때문에 보수적인 유대교인들은 예수님을 증오했습니다. 예수님이 하나님의 사랑을 너무나 강조하여 하나님의 정의를 짓밟는 것처럼 생각했습니다. 하나님의 자비를 너무 강조한 나머지 하나님의 거룩하심을 하찮게 만드는 것 같았습니다. 예수님이 가르치고 행동하는 대로 내버려 두면, 종교도 필요 없고, 제사도 필요 없고, 마침내 믿음도 필요 없고, 다 각기 하나님을 무시하면서 제 마음대로 살 것만 같았습니다. 그래서 유대교인들은 예수님을 비난했고 그를 침묵시키려 했습니다.

하나님의 정의와 회복

만일 누군가가 "하나님은 히틀러까지도 용서하신다"라고 말한다면, 나치 수용소에서 사랑하는 사람들을 잃고 홀로 살아남은 사람은 치를 떨지 모릅니다. 사랑하는 딸을 성폭행과 살인으로 인해 잃어버린 맥에게, 하나님은 그 살인마까지도 용서하신다는 말이 가당치 않게 들린 것과 마찬가지입니다. 이렇듯, "하나님은 이방인도, 세리도, 장애인도, 성매매 여성도 용서하신다"라는 예수님의 말씀은 당시 유대교인들로 하여금 치를 떨게 하고 분노를 느끼게 하였습니다.

여기까지만 생각하면 예수님은 '보편 구원'을 믿으셨다고 말할 수 있습니다. 그분은 모든 인류를 구원하시려는 성부 하나님의 뜻을 아셨고 그 뜻을 받들어 사셨습니다. '제한 구원론'을 생명처럼 지키려는 유대교인들에게 목숨을 잃을지도 모르는 상황에서도 그분은 물러서지 않았습니다. 결국 그분은 십자가 위에서 당신 자신의 생명을 바쳐 모든 인류의 죄값을 치르셨습니다. '보편 구원'을 위해 당신의 전부를 바치신 것입니다.

그렇다면, 이 구원의 은혜에 대해 어떻게 응답해야 옳겠습니까? 어떤 죄를 짓더라도 그 죄를 해결할 길이 마련되어 있으니, 마음 놓고 죄를 짓자고 하겠습니까? 내가 어떻게 살든 상관 없이 하나님은 나를 사랑하시니, 내 마음대로 살자 하겠습니까? 언제든지 십자가의 보혈로서 죄를 씻을 수 있으니, 죄에 대해 신경 쓰지 말고 거침 없이 살자 하겠습니까?

이것이 문제입니다. 우리 인간의 마음이 이렇습니다. 조금이라도 여유가 보이면 죄를 탐할 기회로 삼는 것이 우리의 타락성의 증거입니다. 예수님이 성부 하나님의 절대적인 사랑을 강조하고 십자가를 짊어지신 이유는 우리에게 마음 놓고 방탕할 구실을 주시려는 것이 아니었습니다. 스스로 거룩하다고 여기는 사람들에게는 인간을 차별하지 못하게 하고, 스스로 하나님의 은혜로부터 떨어져 나갔다고 생각하는 사람들에게는 희망을 주기 위한 것이었습니다. 하나님의 은혜를 바라는 사람이라면 누구나 그 은혜를 받고 그 능력으로 새로운 삶을 살게 하시려는 것이 그분의 뜻이었습니다.

'보편 구원론'을 믿으신 것처럼 보이는 예수님은 또한 끊임없이 회개를 요청하셨습니다. 그분은 죄인으로 취급받던 사람들에게뿐 아니라, 율법의 의에 근거하여 구원받았다고 자만하던 사람들에게도 "회개하라!"고 도전하셨습니다. 예수님은 성경에 등장하는 인물 중 지옥에 대해 가장 자주 언급하신 분입니다. 그만큼 그분은 죄를 심각하게 다루셨고, 죄가 만들어내는 비참한 결과에 대해 염려하셨습니다. 그분이 죄인들을 찾아가시고 그들과 어울리신 이유는 죄를 하찮게 여기셨기 때문이 아닙니다. 그분이 십자가를 지심으로 모든 죄에 대한 책임을 지신 것은 죄를 소홀히 여기도록 만들기 위함이 아닙니다. 오히려, 우리 죄가 얼마나 큰지를 깨닫고 그 죄의 문제를 해결하게 하기 위함이었습니다.

예수님은 십자가를 통해 '누구나' 구원받도록 길을 여셨지만, '아무나' 구원받도록 한 것은 아닙니다. 구원은 우리가 어떤 선행이나 공로를 쌓아서 얻는 것은 아닙니다. 구원은 하나님의 은혜로 누구나 받을 수 있습니다. 하지만 그것을 받기를 거부한다면, 그리고 그것을 받을 준비가 되어 있지 않으면, 그에게 그 은혜는 아무런 의미가 없습니다. 성경은 지옥의 심판이 때로 '영원한 고문'이라고, 또 때로는 '영원한 멸망'이라고 말합니다. 이것을 이해하는 것이 쉬운 일은 아닙니다만, 분명한 것은 이 땅에서의 삶에 대한 결산이 있다는 것입니다. 그 결산은, 많은 사람들이 생각하듯 인간의 죄에 대한 '하나님의 보복'이 아닙니다. C. S. 루이스가 말한 것처럼, 그것은 '하나님의 정의의 회복'입니다.

최선을 기대하고 최악을 대비하라

그렇다면, '보편 구원론'과 소설 「오두막」의 입장을 어떻게 받아들여야 할까요? 기독교계에서는 '보편 구원론'을 이단이라고 정죄하는 경향이 있는데, 성경에서 '보편 구원론'을 입증하자고 하면 얼마든지 할 수 있습니다. 반면, '제한 구원론'을 입증하자고 해도 수많은 성경 구절들을 제시할 수 있습니다. 그렇기 때문에 둘 중 하나를 택하는 것은 성경 말씀의 일부를 무시하는 처사가 됩니다. 두 입장 모두 성경 안에 있음을 인정하고, 둘을 다 껴안는 길을 찾아야 하겠습니다.

많이 알려진 격언 가운데 "최선을 기대하고, 최악을 대비하라"(Expect the best, and be prepared for the worst)라는 것이 있습니다. 이 격언에서 우리는 '보편 구원론'과 '제한 구원론' 모두를 껴안을 수 있는 길을 찾을 수 있습니다. 하나님이 그분의 지칠 줄 모르는 사랑의 능력으로써 마침내 지옥을 텅 비게 하실 것을 기대하는 것은 잘못된 일이 아닙니다. 마침내 새 하늘과 새 땅을 이루실 때, 사탄과 악한 영까지도 모두 변화시켜, 한 생명도 잃어버리는 일 없이, 한 영혼도 고통 속에 사는 일 없이, 완전한 구원이 이루어지기를 소망하는 것은 좋은 일입니다. 그렇게 소망한다고 하여 잘못될 것이 없습니다. 그 소망은 바로 성부 하나님에게 있었고, 성자 예수님에게 있었으며, 성령께서 지금도 그 목표를 위해 일하고 계십니다.

반면, 최악을 대비할 필요가 있습니다. 지옥과 지옥의 형벌에 대해 깊이 생각하고 싶은 사람들은 별로 없을 것입니다. 그런 것이 존재한다는 것 자체도 생각하기에 거북한 일입니다. 게다가, 그것이 나에게 혹은 내 사랑하는 사람들에게 미칠 것이라고 생각하면 끔찍한 일입니다. 저는 그동안 목회를 하면서 믿지 않는 부모님의 임종을 두고 마음 아파하는 분들을 적지 않게 만났습니다. 그분들은 지옥에 대해 그동안 들은 이야기들을 기억하고는 두려워 떱니다. 자식으로서, "그것은 그분들의 선택이었으니, 나로서는 어쩔 수 없다"고 말하고 잊을 수는 없는 일입니다. 그런 경우에는 도대체 드릴 말씀이 없습니다.

하나님의 계획과 그분의 능력에 대해서 우리는 아무것도 단정할 수 없습니다. 단정해서도 안 됩니다. 그러므로 우리가 생각하는 최선이 하나님께도 최선이기를 바라고, 그 최선이 이루어지기를 기대하고 기도할 일입니다. 하나님이 어떤 방법으로든 모든 생명을 구원하시고, 마침내 지옥이 텅 비게 만드신다면, 그것처럼 좋은 일이 어디 있겠습니까? 지금 우리 생각으로 그렇다는 말씀입니다. 하지만 동시에 최악을 대비하고 살아야 합니다. 지금 우리가 생각하는 최선이 하나님에게도 최선일 것이라는 보장이 없기 때문입니다. 장기판에 서 있는 말에게 좋아 보이는 것이 장기를 두는 사람에게도 좋아 보일 것이라고 장담할 수 없는 것입니다.

그것을 인정한다면, 지옥에 대한 성경의 가르침이 단순한 경고가 아니라 실재일 수도 있음을 생각해야 합니다. 지옥에서의 '영원한, 의식적, 고문'이 지금 우리에게는 말도 안 되는 것처럼 들릴지 모르지만, 그것이 하나님의 정의에서는 옳을 수도 있다는 가능성을 열어 두어야 합니다. 지옥을 농담으로 생각해서는 안 됩니다.

인터넷에서 흥미로운 사진을 하나 보았습니다. 어느 건물 앞에서 교인들이 찬송을 하면서 전도를 하고 있습니다. 그 곁에 어느 중년 신사가 피켓을 들고 서 있습니다. 그분이 들고 있는 피켓에는 이렇게 써 있습니다. "예수 안 믿고 지옥 가겠습니다."

아마도, 그 전도대원들이 "예수 천당, 불신 지옥"을 외친 것 같습니다. 이 남자분은 전도대 옆에서 조롱하고 있는 것입니다.

저는 이 사진을 보고 한참 웃었습니다만, 잠시 후, 안타까운 마음이 들었습니다. 그분은 지옥을 농담으로 여기고 있음이 분명하기 때문입니다. 만일 지옥이 농담이 아니라면…이라고 생각하니, 그분을 위한 기도가 절로 터져 나왔습니다.

이 문제에 대해 당신의 입장은 어떤 것인지 모르겠습니다. 혹시, 구원의 길은 오직 예수 그리스도에게만 있으며, 그분을 모르는 사람들은 누구나 할 것 없이 지옥불 속에서 영원히, 매순간, 고문을 당할 것이라고 믿습니까? 그렇게 믿기에 '보편 구원론'에 대해 분노하십니까? '보편 구원론'을 믿는 사람들은 이단자들로서 모두 제거해야 한다고 생각하십니까? 만일 그렇게 생각하고 있다면, 필경 당신은 자신에게 천당행이 이미 결정되었고 그 결정은 결코 철회되지 않을 것이라고 믿고 있음에 분명합니다. 그렇게 확신하기에 지옥불의 심판이 그토록 공포스럽다는 사실에 대해 마음 놓고 말하는 것입니다.

그렇다면, 과연 당신 자신의 구원에 대한 그 확신은 어디서 온 것입니까? 만일, "나는 부족하여도 영접하실 터이니 영광 나라 계신 임금 우리 구주 예수라"는 찬송가의 고백이 우리의 고백이라면, 그 믿음은 우리로 하여금 하나님의 은혜에 대해 감사하고 감격하게 만들 것입니다. 나에게는 구원받을 아무 공로가 없지만, 예수 그리스도의 보혈의 공로로 말미암아 구원받았음을 진실로 믿는 사람이라면, 자신의 구원에 대해 확신하되 자만하지 않을 것입니다. 뿐만 아니라, 그런 믿음을 가진 사람이라면, 다른 사람들의 영혼이 지옥불에서 영원히 고통받을지 모른다는 것에 대해 그렇게 무심하게, 혹은 그렇게 거침없이 말할 수 없을 것입니다. 오히려, 자신이 받은 '감당할 수 없는 구원의 은혜'를 모두가 누릴 수 있게 되기를 갈망하고 기도하며 전도할 것입니다.

혹시, 당신은 그동안 '제한 구원론'에 대해 불만을 느끼셨습니까? 예수 외에는 구원이 없다는 교리 때문에 그리고 지옥에서의 영원한 고문에 대한 가르침 때문에 불편했습니까? 그래서 「오두막」을 읽으면서 시원함을 느끼셨습니까? 저도 그런 감정에 공감합니다. 이 편협하고 배타적으로 보이는 교리에 대해 불편을 느끼는 것은 어쩌면 당연한 일입니다. 하나님의 사랑이 진실로 영원하고 참되다면, 그 사랑은 결국 모든 죄인을 구원해야 마땅하고, 심지어 사탄과 악한 영까지도 변모시켜 지옥을 텅 비게 만들어야 마땅한 것처럼 보입니다.

하지만 조심할 것이 있습니다. '보편 구원론'은 듣기에는 참 좋아보이지만 실제로는 심각한 잘못에 빠지게 만들기 때문입니다. 하나님의 사랑과 자비를 당연한 것으로 여기고 하찮게 대하게 만듭니다. 자신이 어떻게 살든 하나님은 자신을 사랑할 수밖에 없다는, 근거 없는 자신감을 가지게 합니다. 죄를 대수롭지 않게 여기게 됩니다. 하나님이 용서하시기에 어려울 정도로 큰 죄도 없지만, 하나님이 눈감아 주실 만큼 작은 죄도 없음을 알아야 하는데, 하나님에게는 그 어떤 죄도 상관 없다고 생각하게 만듭니다. 한 생명도 잃어버리지 않고 모두 구원하는 것이 하나님의 뜻이라고 믿는 사람이라면, 그 사람도 역시 그 같은 사랑을 실천하며 살아야 마땅합니다.

자신에게 잘못한 사람을 잘 용서하지 못하는 사람이 '보편 구원론'을 믿는다고 한다면, 그 사람은 거짓말을 하는 셈이 됩니다. 자신은 사랑에 인색하면서 하나님은 사랑에 너그럽기를 바란다면, 그런 모순이 어디 있겠습니까? 하나님의 사랑을 진실하게 경험하면 달리 행동합니다. 그 사랑으로 구원받지 못할 사람이 이 세상에 없을 것이라는 생각이 듭니다. 그래서 그 사람은 더욱 사랑하고, 더욱 전도하며, 거룩하게 살기 위해 더욱 힘씁니다. 지옥불에서 구원받기 위해서 믿는 것이 아니라, 하나님의 사랑이 너무 좋아서 그렇게 합니다. 봉사하고 헌신하고 때로 생명을 바치는 이유는 지옥 형벌을 피하기 위해서가 아니라, 하나님의 사랑에 감격하여 그리고 그 사랑에 보답하기 위해서입니다. 이러한 삶을 사는 사람이라면, '보편 구원론'을 말해도 별 문제가 없다 할 수 있습니다.

어떤 사람이 그런 말을 했습니다. "천국에 가면 아우슈비츠 수용소에서 비참하게 죽임 당한 어린 소녀가 히틀러를 품에 안고 있을 것이다." 우리 기독교 신앙은 바로 이런 미래를 꿈꿉니다. 그것이 예언자들이 성령의 감동에 젖어 꾸던 꿈입니다. 그것이 예수 그리스도께서 꾸신 꿈입니다. 그리고 그것이 지난 2천 년 동안 수많은 거룩한 사람들이 꾼 꿈입니다. 그 꿈은 성령의 감동과 감화로 인해 이 땅에서 이루어지기도 했습니다. 손양원 목사님이 자기 아들을 죽인 범인을 양아들로 삼았을 때, 그 꿈은 이루어졌습니다. 제2차 세계대전이 끝난 후, 코리텐 붐(Corrie Ten Boom)이 나치 수용소에서 자신과 언니에게 성희롱을 했던 간수를 끌어안았을 때, 그 꿈은 이루어졌습니다. 이 꿈은 장차 천국에서 완전하게 이루어질 것입니다.

우리가 하나님의 자녀로 받아들여진 것은 하나님의 사랑의 기적입니다. 히틀러가 천국에 받아들여질 수 있는 가능성 때문에, 그리고 어린 소녀들을 골라 성폭행을 하고 살해한 연쇄살인범도 하나님의 품에 받아들여질 수 있는 가능성 때문에, 저와 당신도 받아들여진 것입니다. "어떻게 그 같은 죄인들과 나를 비교하느냐?"라고 화를 내시겠습니까? 그렇다면, 당신은 당신 자신을 모르거나, 당신의 진짜 모습을 부정하고 있는 것입니다. 우리가 우리 자신의 죄성을 진실하게 깨닫는다면, 우리도 바울처럼 "나는 죄인의 우두머리입니다"(딤전 1:15)라고 고백할 것입니다.

그러므로 우리는 그 누구도 우리의 기준으로 판단하거나 정죄해서는 안 됩니다. 우리에게는 그럴 자격이 없습니다. 우리가 하나님의 은혜를 입었다면, 누구나 이 은혜를 입어야 하고, 또한 입을 수 있습니다. 그런 마음으로, 우리에게 허락하신 구원에 감사하고, 그 구원의 은혜가 모두에게 미칠 수 있도록 전도하는 것이 우리의 마땅한 자세입니다. 그것이 "최선을 기대하며 최악을 대비하는" 자세입니다. 그것이 하나님의 그 감당할 수 없는 사랑을 그나마 감당하는 길입니다. 우리 모두가 이러한 자세로 믿음의 길을 우직하게 걸어갈 수 있기를 간절히 기원합니다.

주님,
십자가의 그 사랑을 알기 원합니다.
저희가 그 사랑 알게 하시고
저희가 그 사랑 전하게 하소서.
지옥이 텅 비어지기를 기대하며
신실하게 살고
또한 부지런히 복음을 전하게 하소서.
아멘.

말씀 묵상
요한계시록 14:9-11을 읽습니다. 지옥에 대한 묘사를 생각해 보십시오.

토론 질문
지옥에 대해 당신이 가지고 있는 이미지가 어떤 것인지 나누어 보십시오. 지옥에 대한 당신의 믿음은 어떤 것인지에 대해서도 이야기해 보십시오.

기도
하나님의 구원의 은혜를 진실하게 체험하고, 그 은혜를 이웃에게 증거할 수 있도록 기도하십시오.

13장
땅은 하늘로 가득하다

「오두막」의 주인공 맥이 오두막에서 지낸 것은 단지 몇 시간이었습니다. 그 시간의 대부분을 깊은 잠으로 보냈는데, 그 잠 속에서 그는 아주 특별한 꿈을 꿉니다. 꿈 속에서 그는 2박 3일을 보내는데, 어느 대목에선가, 죽은 미시와 다른 두 자녀 즉 케이트 그리고 조시가 평화롭게 함께 어울려 노는 모습을 봅니다. 공간적으로 떨어져 있는 사람들이 꿈을 통해 서로 만날 수 있다는 사실이 신비롭기도 하고 혼란스럽기도 합니다. 그래서 맥이 예수에게 묻습니다.

"지금은 한낮인데, 내 아이들이 어떻게 꿈을 통해 이곳에 와서 놀고 있었죠? 어떻게 이런 일이 가능하죠? 이 중에서 실제로 일어난 일도 있나요? 아니면 그냥 꿈일 뿐인가요?"

"어떻게 이런 일이 가능하냐고요? 묻지 말아요. 꽤 어려운 문제예요. 시간적 차원과 관련되어 있는 문제니까요. 사라유의 전문 분야죠. 당신도 알다시피, 시간을 창조하신 분은 시간의 한계를 초월하여 행동하시지요. 궁금하면 그녀에게 물어봐요."

"아뇨. 좀더 두고 보겠습니다. 좀 궁금한 것뿐입니다."

"'이 중에서 실제로 일어난 일도 있나요?'라고 물었죠? 이 모든 일은 당신이 상상하는 것보다 훨씬 더 실제적인 일입니다."

잠시 뜸을 들인 후 예수가 말을 잇습니다.

"이렇게 질문하는 것이 더 좋을지 몰라요. '실제로 일어난다는 말이 무슨 뜻인가요?'라고 말입니다."

"전혀 모르겠어요."

"만약 모든 것이 꿈 속에서 일어난 일이라면, 실제로 일어나지 않았다고 말해야 할까요?"

"글쎄, 좀 실망할 것 같은데요."

"왜죠? 맥, 당신이 인식할 수 없는 많은 일들이 여기에서 일어나고 있어요. 이 모든 일들은 '실제로' 일어난 일들입니다. 당신이 그동안 살면서 경험한 일들보다 훨씬 더 실제적이라고 말해주고 싶어요."*

실제란 무엇인가

이 대화를 통해 저자는 '현실'과 '비현실'에 대해, 혹은 '실제로 일어난다'는 말의 의미에 대해 생각해 보도록 독자들을 자극합니다. 우리는 보통 손으로 만질 수 있고 육안으로 볼 수 있는 것만이 '실제로

---

* 「오두막」, pp. 279-280.

있는 것'이라고 믿습니다. 물질이나 육신에 일어나는 변화만을 '실제로 일어난 일'이라고 생각합니다. 그것만이 참되다고 생각합니다. 그렇기 때문에 꿈에서 일어난 일은 실재가 아니라고 생각합니다. 영적인 체험은 실재가 아니라고 생각합니다. 손에 만질 수도 없고 눈으로 볼 수도 없으니 하나님은 실재하지 않는다고 믿습니다. 그런 것을 믿는 사람들은 비현실적이라고 간주합니다. 저자는 이 소설을 통해서 그러한 현실 인식이 옳은지에 대해 의문을 제기합니다.

그러한 현실 인식을 '유물론적 세계관'이라고 부릅니다. 이 세계관은 약 300년 전부터 눈부시게 발전해 온 과학에 기반합니다. 과학이 발달하기 전에 사람들은 이해할 수 없는 일들을 신의 행동으로 여겼습니다. 천둥과 번개를 신의 분노로 생각했고, 무지개를 신의 화해의 손짓으로 보았습니다. 이 세상에 영이 충만하다고 생각했습니다. 그런데 과학은, 그런 것들이 단순한 자연 현상이라는 사실을 밝혀 냈습니다. 과학자들이 아직 그 원인을 명확히 밝히지 못한 현상들도 있지만, 그것들도 언젠가는 자연 현상으로 밝혀질 것이라고 생각합니다.

이렇게, 과학이 자연의 비밀을 하나씩 밝혀 내면서 기독교와 과학은 적대 관계에 서게 되었습니다. 기독교가 '하나님의 행동'이라고 믿던 것들을 과학이 '자연 현상'으로 설명해 버렸기 때문입니다. 특별히, 성경 안에 기록되어 있는 수많은 이적들에 대해 과학은 기적이 아니거나, 거짓이거나, 둘 중 하나라고 판정했습니다. 즉, 실제로 일어난 일이라면 자연 법칙으로 설명할 수 있고, 자연 법칙으로 설명할 수 없는 기적 이야기들은 거짓이라고 결론을 지은 것입니다.

과학이 절대적인 진리의 기준으로 자리를 잡자, 사람들은 하나님이 이 세상을 다스리신다는 기독교의 믿음을 더 이상 인정하지 않게 되었습니다. 기독교인들조차 하나님이 세상을 주관하신다는 세계관을 붙들고 살기가 쉽지 않게 되었습니다. 모든 것이 자연 법칙에 따라 움직이고 있는 이 세상에 하나님이 개입할 여지는 없어 보였습니다. 하나님이 설사 존재한다 해도, 그 존재에 신경 쓰고 살 이유를 찾을 수 없었습니다. 우리 시대의 최고의 과학자라고 칭송받는 스티븐 호킹(Stephen Hawking)이 말하는 것을 들어 보시기 바랍니다.

나는 그동안 우주의 기원을 과학 법칙으로 설명할 수 있다는 사실을 증명하려 했습니다. 그것이 자연 법칙으로 설명된다면, 우주의 기원을 설명하기 위해 신을 들먹일 필요가 없겠지요. 신이 존재할지도 모르지만, 우리에게는 신이 필요하지 않게 된 것입니다.

포스트모던 시대의 도래

하지만 이제 상황이 크게 달라졌습니다. 그 전환점이 언제인지 정확히 파악하기는 어렵지만, 대략 제2차 세계대전이 끝난 이후 사람들이 세계를 보는 눈이 서서히 변화하기 시작합니다. 학자들은 그 이전을 '근대'(modern era)라 부르고, 그 이후를 '탈근대'(post-modern era, 포스트모던)라고 부릅니다. 무엇이 이 같은 변화를 만들어 냈습니까?

첫째, 과학자들이 달라졌습니다. 알베르트 아인슈타인 이후로 과학은 진리를 독점하고 있다는 교만을 점차로 내려놓게 되었습니다. 양심적인 과학자들은 과학이 절대 진리를 향해 접근해 가려는 노력일 뿐임을 겸허히 인정합니다. 과학적인 연구가 성숙해 가면서, 자연 법칙으로는 설명할 수 없는 현상들이 얼마든지 존재한다는 사실을 인정하게 되었습니다. 그래서 지금은 과학자들 중에 기적의 가능성을 인정하는 사람들이 훨씬 많아졌습니다. 독일의 심리학자이자 철학자인 칼 야스퍼스(Karl Jaspers)는 이 같은 변화를 두고, 현대 과학 앞에서 신학자들이 무릎을 꿇었는데, 포스트모던 시대의 과학자들이 무릎 꿇은 신학자들을 일으켜 세워 주었다고 말했습니다.

둘째, 이성에 대한 절대적인 믿음도 무너졌습니다. 세계대전이 일어나기 전까지만 해도 인간의 이성은 한없이 성숙하고 발전할 것이며, 인간의 이성이 활짝 피어나는 날이 되면 이 땅에 지상 낙원이 이루어질 것이라고 믿었습니다. 그런데 1, 2차 세계대전이 일어났고, 크고 작은 테러와 혼란이 끊이지 않았습니다. 또한 기계 문명과 산업 발달로 인해 인간의 정신과 도덕은 점점 파괴되어 갔습니다. 이러한 상황을 겪으면서 인간의 이성이 무한히 성숙하는 것이 아니며, 따라서 믿을 만한 안내자가 될 수 없다는 사실을 깨달았습니다.

이 같은 변화를 겪으면서, 이 세상은 물질만으로는 설명할 수 없으며, 법칙에 따라 돌아가는 기계와 같은 것이 아님을 깨닫습니다. 기적은 일어날 수 없다고 함부로 단정하지 않습니다. 이 세상에 대해 알면

알수록 모르는 것이 더 많아진다는 진리를 인정하는 현대 과학자들이 많습니다. 물론, 그러한 겸손함이 자동적으로 과학자들로 하여금 하나님을 믿게 하지는 않습니다. 하지만 과학이 절대 진리를 독점하고 있지 않으며, 따라서 종교와 과학은 이제 서로를 친구로 대하며 대화를 나눌 때가 되었다고 생각하는 경향이 과거보다 더 강해졌습니다.

이제는 하나님을 믿고 영혼을 믿고 천국을 믿는 것이 더 이상 비과학적이고 비현실적인 것으로 무시당하지 않게 되었습니다. 그렇게 무시하는 과학자들도 있지만, 그렇지 않은, 성숙하고 겸손한 과학자들도 많이 있습니다. 정신 분석학자들은 꿈에서 일어나는 일이 현실과는 다른 차원에서 일어나는 엄연한 현실임을 증명했습니다. 뇌와 몸 속의 화학 반응과는 전혀 상관 없이 일어나는 영적 체험이 있음을 인정하는 과학자들이 늘고 있습니다. 뇌의 화학 반응 때문에 영적 체험이 일어나는 것이 아니라, 영적 체험이 뇌의 화학 반응에 변화를 일으킨다는 것이 증명되었습니다.

이제 믿는 사람들은 좀더 자신감을 가지고 성경적인 세계관을 다시 돌아볼 때가 되었습니다. 이 우주의 운행과 인간의 삶에 하나님이 개입할 여지가 별로 없다는 생각을 수정해야 합니다. 하나님은 우리 세상으로부터 멀리 떨어져 지켜보고 계시다가 필요할 때가 되면 가끔씩 기적을 통해 개입하시는 분이 아닙니다. 하나님은 온 우주에 충만하시며, 우리 일상에 늘 함께하시는 분이십니다. 그것이 성경이 가르쳐 주는 세계관입니다.

꿈 속에서

맥이 꿈에서 깨어나 현실로 돌아오는 대목을 폴 영은 이렇게 그리고 있습니다. 이 대목에서 저자는 우리가 보통 생각하는 '현실'과 '비현실'의 차이가 무엇인지에 대해 질문하게 합니다.

> 그는 낡은 문을 열고 다 망가진 현관 베란다로 달려 나갔다. 오두막은 예전처럼 부서지고 황폐한 상태였고, 문과 창문은 모두 부서진 채 녹이 슬어 있었다. 윌리의 지프차가 서 있는 곳까지 이어진 오솔길과 숲은 겨울 색이 완연했다. 엉킨 가시나무와 덤불 너머로 호수의 모습이 겨우 보였다. 선착장은 거의 다 물에 가라앉고 다리탑과 부속물 몇 개만 서 있었다. 드디어 현실 세계로 돌아온 것이다. 그런데도 그는 현실이 아닌 세계로 돌아온 것만 같아 혼자 씩 웃었다.*

맥에게는 꿈 속에서 경험한 세계가 더 현실처럼 느껴졌습니다. 실제로 그것은 엄연한 현실이었습니다. 그 경험을 통해 맥에게는 여러 가지 변화가 일어납니다. 그의 마음을 납덩이처럼 짓누르던 '거대한 슬픔'이 사라졌고, 하나님에 대한 그의 믿음이 살아났고, 마음 깊은 곳에 숨겨 두었던 원한이 풀어졌고, 인간 관계에서 누구에게나 마음을 다하게 되었습니다. 그가 완전한 사람이 된 것은 아니지만, 그를 알았

---

* 「오두막」, p. 390.

던 사람이라면 누구나 알 만큼 분명한 변화가 일어났습니다.

맥과 비슷한 영적 체험을 한 사람을 성경에서 찾자면, 야곱이 가장 유력한 후보가 될 것입니다. 그는 단 몇 초 상관으로 쌍둥이 형제 중 둘째로 태어납니다. 고대 사회에서 첫째 아들의 특권은 대단했습니다. 몇 초 늦게 태어난 탓으로 그 많은 특권을 포기하고 살아야 한다는 것이 그에게는 부당해 보였습니다. 어떻게 해서든 첫째 아들의 특권을 빼앗고 싶었습니다. 그래서 형을 속이고 아버지를 속입니다. 그 결과 그는 아버지의 집에서 살 수 없게 됩니다. 어머니 리브가는 그를 친정 오빠가 사는 하란으로 피신시킵니다.

어쩔 수 없이 타지를 향해 길을 떠나야 했던 야곱은 심사가 복잡했을 것입니다. 꼬여만 가는 운명에 대해 화가 났을 것입니다. 앞으로의 인생이 얼마나 더 심하게 꼬일지, 불안하기도 했을 것입니다. 유일한 협력자인 어머니를 떠나 어떻게 홀로 살아가나, 염려가 되었을 것입니다. 그런 번민과 고민을 안고 낯선 땅 하란을 향해 가고 있던 어느 날 밤이었습니다. 그날도 그는 돌을 베개로 삼고 누워 이 생각 저 생각에 잠을 못 이루었습니다. 그러다가 어느 순간에 잠시 잠에 빠졌고, 신비로운 꿈을 꿉니다.

꿈 속에서 야곱은 자신이 선 땅으로부터 하늘까지 층계가 서 있는 것을 봅니다. 그 층계 위에는 천사들이 보이는데, 어떤 천사는 하늘로 올라가고, 어떤 천사는 하늘에서 땅으로 내려옵니다. 또 보니, 그 층계 위에서 하나님이 자신에게 말씀하십니다.

나는 주, 너의 할아버지 아브라함을 보살펴 준 하나님이요, 너의 아버지 이
삭을 보살펴 준 하나님이다. 네가 지금 누워 있는 이 땅을, 내가 너와 너의
자손에게 주겠다. 너의 자손이 땅의 티끌처럼 많아질 것이며, 동서남북 사방
으로 퍼질 것이다. 이 땅 위의 모든 백성이 너와 너의 자손 덕에 복을 받게
될 것이다. 내가 너와 함께 있어서, 네가 어디로 가든지 너를 지켜 주며, 내가
너를 다시 이 땅으로 데려오겠다. 내가 너에게 약속한 것을 다 이루기까지,
내가 너를 떠나지 않겠다. (창 28:13-15)

너무도 선명하고 특별한 꿈을 꿀 때, 우리는 깨어나서 그 꿈의 의미를 생각해 봅니다. 야곱도 그랬습니다. 한참을 골똘히 생각한 후, 야곱은 이렇게 혼잣말로 고백을 합니다.

주님께서 분명히 이곳에 계시는데도, 내가 미처 그것을 몰랐구나.…이 얼마
나 두려운 곳인가! 이 곳은 다름아닌 하나님의 집이다. 여기가 바로 하늘로
들어가는 문이다. (16-17절)

야곱의 세계관이 뒤집히는 순간입니다. 그는 아버지 이삭의 집에 있는 동안에 하나님을 예배했을 것입니다. 어릴 적부터 할아버지 아브라함과 아버지 이삭이 하나님을 만난 이야기를 들으며 컸을 것입니다. 하지만 그것은 할아버지와 아버지의 이야기일 뿐이라고 생각했습니다. 하나님은 자신의 삶에 관여하시는 것 같지 않았습니다. 오히려,

그 하나님은 아무 이유도 없이 몇 초 상관으로 둘째로 태어나게 하시고는, 자신의 운명에 대해 아랑곳하지 않는 것 같았습니다. 스티븐 호킹은 "하나님은 주사위 놀이를 하시는 것만이 아니다. 하나님은 때로 주사위를 찾을 수 없는 곳으로 던져 버리기도 하신다"라고 했는데, 야곱이 생각하는 하나님도 그와 비슷했을 것입니다. 그래서 그는 하나님 없이 자신의 인생을 도모해 왔습니다.

베델의 깨달음

야곱은 이 꿈을 통해서 하나님을 새롭게 발견합니다. 하나님은 할아버지 아브라함이나 아버지 이삭에게만 관심을 가지고 계신 것이 아니었습니다. 그분은 자신에게도 관심을 두고 계셨습니다. 하나님의 주사위 놀이에 자신이 피해를 입고 있다고 생각했는데, 그것이 아니었습니다. 하나님은 야곱의 인생에 대해 구체적인 계획을 가지고 계셨습니다.

그 이전까지, 야곱은 현대 과학을 배운 적도 없는데 유물론적 세계관을 믿고 살았습니다. 그런데 베델에서의 꿈을 통해 그는 그동안 보지 못했던 세계에 대해 눈을 떴습니다. 그가 누웠던 그곳에 하나님이 계신 것을 생각하니 두려워졌습니다. 하나님은 온 우주에 충만하시며, 따라서 자신이 선 그곳이 바로 하나님의 집이며, 하늘로 들어가는 문이라는 사실을 깨닫습니다. 어디를 가든지, 자신은 하늘과 땅의 경계선에 서 있음을 알게 되었습니다. 물리적 세계와 영적 세계의 경계선에 서 있음을 알게 되었습니다. 베델에서 야곱은 물리적인 세계보다 더 실제적인 영적 세계에 눈을 뜹니다.

깨달음이 여기에 이르자, 야곱은 베고 자던 돌을 세워 그곳에 기름을 붓고 예배를 드립니다. 아버지의 집에서 그는 많은 예배를 드렸으나 형식 뿐이었습니다. 루스라는 이름의 낯선 땅에서 야곱은 처음으로 살아 계신 하나님께 진정한 예배를 드렸고, 그곳의 이름을 베델이라고 고쳐 불렀습니다. 그러고는 이렇게 하나님께 약속합니다.

하나님께서…저를 지켜 주시고, 먹을 것과 입을 것을 주시고, 제가 안전하게 저의 아버지 집으로 돌아가게 해주시면, 주님이 저의 하나님이 되실 것이며, 제가 기둥으로 세운 이 돌이 하나님의 집이 될 것이며, 하나님께서 저에게 주신 모든 것에서 열의 하나를 하나님께 드리겠습니다. (20-22절)

베델에서 세계관이 뒤집힌 이후, 야곱의 살아가는 방법이 달라졌습니다. 베델 이전까지 야곱은 인생의 주인은 자신이며 인생의 행복은 물질에 있다는 믿음으로 살았습니다. 하지만 베델 이후에 그는 인생의 참된 주인은 하나님이며 인생의 행복은 물질이 아니라 하나님과의 관계에 있다는 믿음으로 살았습니다. 야곱은 그 신앙 고백대로 살았습니다. 그 결과, 그가 그렇게도 바라던 인생 역전이 이루어졌습니다. 다른 모든 사람들을 패배자로 만들고 홀로 성공하는 인생 역전이 아니라, 모두를 행복하게 하는 인생 역전을 이룬 것입니다.

이렇듯, 우리가 맥처럼 혹은 야곱처럼 영적 세계를 보고 그 세계를 진실로 믿는다면, 우리 예배가 달라질 것입니다. 의무감으로, 형식적으로 혹은 무덤덤하게 드리는 예배가 아니라, 마음 다해, 기쁨으로, 그리고 정성으로 드리게 될 것입니다. 눈에 보이지도 않고 손에 만져지지도 않는 영적 세계를 믿는다면, 하나님께 드리는 우리의 예물이 달라질 것입니다. 인사치레로 드리지도 않을 것이며, 마지못해 드리지도 않을 것입니다. 더 이상 습관적으로 드리지 않을 것입니다. 보이지 않는 하나님 나라, 그 영원한 가치를 위해서 드리는 물질임을 안다면, 드릴 때마다 마음과 정성을 다할 것이며, 드리는 것으로 인해 큰 기쁨을 맛 볼 것입니다. 영적 세계를 믿으면, 기도가 달라집니다. 찬양이 달라집니다. 교회에서의 봉사가 달라집니다.

그렇게 우리의 영적 생활이 달라지면, 우리의 일상 생활도 달라집니다. 가정 생활과 직장 생활과 사회 생활이 달라집니다. 그곳에서도 하나님이 활동하고 계심을 알고 그분과 함께 동행하기 때문입니다. 하나님과 함께 살아나갈 때, 가정은 교회가 되고, 직장에서 하는 일은 예배가 되며, 사회에서 행하는 모든 일이 예배가 되고 선교가 되며 전도가 됩니다. 세계관이 바뀌면 인생관이 바뀌고, 인생관이 바뀌면 삶의 질이 바뀝니다. 그렇게 살아가는 것이 영적 생활입니다. 그렇게 이 땅에서 천국을 사는 것이 바로 구원의 삶입니다. 그것이 성령께서 오늘 우리의 마음을 만져 일으키려 하시는 변화입니다.

하나님의 나라

'하늘의 사냥개'라는 시로 유명한 프랜시스 톰슨이 영적 세계에 대해 쓴 또 다른 시가 있습니다. "하나님의 나라"(The Kingdom of God)라는 제목의 시입니다.

오 보이지 않는 세계여, 우리는 그대를 보며,
오 만질 수 없는 세계여, 우리는 그대를 만지며,
오 알 수 없는 세계여, 우리는 그대를 알며,
이해할 수는 없어도 우리는 그대를 붙잡는다!

물고기는 대양을 찾기 위해 날아오르며,
독수리는 하늘을 찾기 위해 뛰어내리는가?
저 하늘에서 당신 소식을 들었느냐고
운행하는 별들에게 물어 보아야 하다니?

회전하는 천체가 희미해 보이는 곳도
우리의 마비된 지각이 비상하는 곳도 아니다.
우리가 귀를 기울이기만 한다면, 떠다니는 날개가
바로 우리의 흙덧문을 두드리리라.

천사들은 옛 위치를 지키고 있으니

다만 돌을 굴리고 날개를 쳐라!
그렇다, 찬란한 광채를 놓치게 되는 것은
바로 그들, 그대들의 외면한 낯 때문이다.

그렇습니다. 눈을 뜨기만 하면, 혹은 고개를 돌리기만 하면, 우리가 하나님 나라 안에 살고 있음을 깨달을 것입니다. 그래서 예수님은 "하나님의 나라는 눈으로 볼 수 있는 모습으로 오지 않는다. 또 '보아라, 여기에 있다' 또는 '저기에 있다' 하고 말할 수도 없다. 보아라, 하나님의 나라는 너희 가운데에 있다"(눅 17:20-21)고 말씀하셨습니다. 야곱의 깨달음대로, 바로 여기가 하늘의 문입니다.

「오두막」의 마지막에 인용된 엘리자베스 배럿 브라우닝(Elizabeth Barrett Browning)의 시구가 참 인상적입니다. "Aurora Leigh"라는 제목의 장편시에 나오는 한 구절입니다.

> 땅은 하늘로 가득 차 있다.
> 모든 평범한 나무들이 하나님과 함께 불타오른다.
> 그러나 오직 볼 줄 아는 자만이 신발을 벗으며,
> 다른 이들은 나무 주변에 몰려 앉아 검은 딸기나 줍는다.*

---

* 「오두막」, p. 409.

당신은 어느 편에 속해 있다고 생각하십니까? 육신과 물질만을 보고 그것을 즐기기에 급급한 유물론자들입니까? 아니면, 떨기 나무에 붙은 불을 보고 신발을 벗어 들고 온 우주에 충만하신 하나님께 경배 드리는 사람들 편에 있습니까? 당신은 벧엘 이전의 야곱처럼 하나님 없는 세상에서 스스로의 인생 역전을 위해 몸부림 치고 있습니까? 아니면, 벧엘 이후의 야곱처럼 하나님으로 충만한 이 세상에서 그분을 의지하며 그분의 인도를 따라 한 걸음 한 걸음 걸어가고 있습니까?

부디, 떨떠름한 검은 딸기 한 줌을 얻는 것으로 만족하는 인생이 되지 않기를 바랍니다. 온 우주에 충만하신 하나님의 현존에 눈 뜨고, 물적 현실과 영적 현실을 모두 품고 살아가게 되기를 간절히 기원합니다.

온 세상에 충만하신 주님,
저희 눈을 열어 주시어
주님을 보게 하소서.
저희 눈을 열어 주시어
영적 세계를 보게 하소서.
산딸기 한 줌으로 만족하지 말게 하소서.
주님의 임재를 보고 떨게 하시며
주님과 함께 춤추며 살게 하소서.
아멘.

말씀 묵상

창세기 28:10-22을 읽습니다. 도피하는 심정으로 이민을 떠나는 야곱의 심정을 헤아려 봅니다.

토론 질문

영적 세계를 믿은 후 당신에게 달라진 것이 있다면 무엇입니까? 달라져야 하는데 아직 달라지지 않은 것이 있다면 무엇입니까?

당신의 영적 생활을 점검해 보십시오. 당신의 예배, 기도, 봉헌, 찬양, 섬김에는 영적 세계를 본 사람다운 질적 특징이 있습니까?

기도

영적 세계를 좀더 분명하게 경험하고 믿을 수 있도록 기도하십시오.

맺음말: 치유받은 치유자

사랑하는 딸 미시가 처참하게 살해된 현장을 맥은 다시 찾습니다. 거기서 그는 그동안 억압했던 감정을 한꺼번에 쏟아내면서 몸부림칩니다. 그러다가 제풀에 지쳐 마루에 누워 눈을 감습니다. 그렇게, 그는 잠에 빠집니다. 그 잠 속에서 2박 3일의 긴 꿈을 꿉니다. 그 꿈 속에서 그는 삼위일체 하나님을 '따로, 또 같이' 만나 대화하면서 '거대한 슬픔'을 치유받습니다. 뿐만 아니라, 이 만남을 통해 하나님에 대해, 악의 문제에 대해, 용서에 대해, 영성에 대해, 그리고 삶에 대해 새로운 눈을 뜨게 됩니다. 오두막을 다녀온 맥은 이제 전혀 다른 사람이 되어 갑니다.

  이 책을 다 읽고 난 당신도 맥과 같았으면 좋겠습니다. 저는 지금까지 소설「오두막」에서 다룬 여러 주제들을 붙들고 씨름했습니다. 이 씨름의 초점은 당신이 자신의 상처를 '다시' 보고, '제대로' 보고, '헤쳐' 보고, 그 상처 '너머'를 보도록 돕는 데 있었습니다. 그렇게 하는 과정에서 당신도 맥처럼 치유와 회복을 경험하고, 하나님을 새롭게 만나고, 영성에 대해 새로운 눈을 뜨게 되기를 기대했습니다. 그동안 「오두막」을 읽으며 그러한 치유와 회복을 경험한 사람들이 많이 있습니다. 저도 그런 사람 가운데 하나이며, 이 소설을 가지고 연속 설교를 하는 동안 제가 섬기는 교회 교우들도 그런 경험을 했습니다. 저는 당신에게도 이 변화가 일어나기를 바랍니다.

치유와 회복은 '과정'입니다. 한순간에 끝나거나 완성되는 것이 아닙니다. 누구나 상처는 있으며, 따라서 치유와 회복은 누구나 필요합니다. 문제는 진실로 치유와 회복을 갈망하느냐에 있습니다. 목회를 하면서 저는, 자신이 상처받았다는 사실을 인정하지 않는 사람들 혹은 자신은 치유가 필요 없다고 말하는 사람들을 만납니다. 그런데 그런 사람들일수록 상처가 깊습니다. 그 상처로 인한 증상도 심합니다. 하지만 그 사실을 인정하려 하지 않기 때문에 치유가 일어나지 않습니다. 만일 당신이 자신의 상처를 인정하고 치유를 갈망하기만 한다면, 이 책을 읽고 여기 나온 안내대로 말씀을 묵상하고 토론하며 영적 씨름을 하는 것만으로도 치유가 시작될 것입니다. 영적 친구과 함께 서로를 위해 기도해 가며 이 책을 도구로 사용한다면 더욱 좋은 결과가 나타날 것입니다.

이제 시작임을 잊지 마시기 바랍니다. 치유와 회복은 평생의 과정입니다. 상처가 치유되는 것으로 끝나서는 안 됩니다. 우리 안에 잃어

버린 하나님의 형상이 회복될 때까지, 그리하여 우리가 하나님의 성품에 온전히 참여할 때까지, 우리의 치유와 회복은 계속되어야 합니다. 그럴 때, 우리는 헨리 나우웬이 말한 바, '상처받은 치유자'가 될 수 있을 것입니다. 저는 이 말을 '치유받은 치유자'라고 고쳐 말합니다. 상처받은 상태로 머물러서는 결코 다른 사람을 치유할 수 없습니다. 내 상처를 치유받아야만 다른 사람의 치유자가 될 수 있습니다. 그래야만 다른 사람을 치유하기 위해 받아야 할 상처를 감당할 수 있습니다. 여기까지 가야 합니다. 그것이 예수 그리스도를 닮는 한 가지 길입니다.

사랑하는 사람은 누구나 아프다

초판 발행_ 2011년 2월 15일
초판 6쇄_ 2017년 2월 5일

지은이_ 김영봉
펴낸이_ 신현기

펴낸곳_ 한국기독학생회출판부
등록번호_ 제313-2001-198호(1978.6.1)
주소_ 04031 서울시 마포구 동교로 156-10
대표 전화_ (02)337-2257 팩스_ (02)337-2258
영업 전화_ (02)338-2282 팩스_ 080-915-1515
홈페이지_ http://www.ivp.co.kr 이메일_ ivp@ivp.co.kr
ISBN 978-89-328-1233-5

ⓒ 김영봉 2011

책값은 뒤표지에 있습니다.
무단 전재와 복제를 금합니다.